RENAN DIEGO

PRODUTIVIDADE FINANCEIRA

5 PASSOS PARA CONSTRUIR SUA INDEPENDÊNCIA FINANCEIRA COM QUALIDADE DE VIDA

Gente
editora

Diretora
Rosely Boschini
Diretora Editorial
Joyce Moysés
Editora Pleno
Carolina Forin
Assistente Editorial
Mariá Moritz Tomazoni
Produção Gráfica
Leandro Kulaif
Edição de Texto
Gabrielle Carvalho
Preparação
Fernanda Guerriero Antunes
Capa
Thiago de Barros
Projeto Gráfico
Márcia Matos
Gisele Baptista de Oliveira
Diagramação
Gisele Baptista de Oliveira
Revisão
Fernanda Costa
Daniel Rodrigues Aurélio
Ilustrações
Plinio Ricca
Impressão
Grafilar

CARO(A) LEITOR(A),
Queremos saber sua opinião sobre nossos livros. Após a leitura, siga-nos no **linkedin.com/company/editora-gente**, no TikTok **@editoragente** e no Instagram **@editoragente**, e visite-nos no site **www.editoragente.com.br**. Cadastre-se e contribua com sugestões, críticas ou elogios.

Todos os versículos bíblicos contidos no livro foram atualizados segundo a Bíblia King James, que pode ser acessada pelo link www.bibliaonline.com.br/bkj

Rua Dep. Lacerda Franco, 300 – Pinheiros
São Paulo, SP – CEP 05418-000
Telefone: (11) 3670-2500
Site: www.editoragente.com.br
E-mail: gente@editoragente.com.br

Dados Internacionais de Catalogação na Publicação (CIP)
Angélica Ilacqua CRB-8/7057

Diego, Renan
Produtividade financeira : 5 passos para construir sua independência financeira com qualidade de vida / Renan Diego. - São Paulo : Editora Gente, 2025.
176 p.

ISBN 978-65-5544-649-4

1. Finanças pessoais I. Título

25-3764 CDD 332.024

Índice para catálogo sistemático:
1. Finanças pessoais

Este livro foi impresso pela gráfica Grafilar em papel lux cream 70 g/m² em outubro de 2025.

NOTA DA PUBLISHER

Uma das queixas que mais escuto por aí de colegas e leitores é: "Eu trabalho tanto, mas nunca consigo realizar meus sonhos". A sensação de estar sempre correndo atrás do dinheiro – e ele nunca bastar – é mais comum do que se imagina. E é exatamente esse o ponto central deste livro: é possível ter qualidade de vida hoje, enquanto se constrói a tão sonhada independência financeira.

O tema é urgente. Em um país em que milhões de pessoas vivem no limite e a saúde emocional é diretamente afetada pelas preocupações com dinheiro, falar de produtividade financeira é, na verdade, falar de saúde, bem-estar e dignidade. A cada página, Renan Diego mostra que é possível reverter esse cenário. E o mais importante: de maneira prática, acessível e real.

Quando conheci o projeto, me chamou a atenção algo raro: Renan fala de finanças com empatia. Ele não olha o leitor de cima, do topo da montanha. Pelo contrário, compartilha a própria caminhada, os erros que cometeu e os aprendizados que acumulou até construir uma vida de liberdade. Ele já foi o trabalhador sem reserva de emergência; o jovem que usava o cartão de crédito como uma extensão do salário; o marido que queria ser presente para a família, mas não sabia por onde começar. E hoje, com milhares de alunos impactados, ele traduz toda essa trajetória em um método que funciona.

Ao longo do livro, você entenderá como aplicar os cinco pilares da Produtividade Financeira e verá que finanças não precisam ser um tabu nem uma prisão. O dinheiro pode e deve ser um aliado na construção de uma vida com mais tempo, presença e realizações. O método de Renan não exige fórmulas mirabolantes ou sacrifícios irreais. Pelo contrário, propõe um caminho possível, ainda que você comece com pouco, desde que comece do jeito certo.

Por isso, meu convite é claro: leia com o coração aberto. Permita-se refletir, resgatar seus sonhos e enxergar o dinheiro como instrumento de liberdade, não de opressão. Esta não é apenas uma leitura sobre finanças. É um reencontro com sua história, com seu valor e com o futuro que você pode – e merece – construir.

Boa leitura e boa jornada!

ROSELY BOSCHINI
CEO e Publisher da Editora Gente

Dedico este livro à memória da minha mãe,
Maria das Graças Sousa da Silva, conhecida como
Dona Graça, que me ensinou até no momento
de sua partida que o motivo da vida é deixar
um legado. Quando a perdi, parecia que o
chão tinha desaparecido, mas foi dessa dor
que nasceu a Produtividade Financeira. Foi
dela que veio a força de transformar lágrimas
em propósito e luto em missão e legado.

Dedico-o também à minha esposa, Jaqueline Silva,
por me apoiar mesmo quando ela não conseguia ver
sentido nas minhas loucuras e me levantar quando
eu me sentia fraco para seguir com minha missão.

E às minhas filhas, Maria Clara e Alice Bispo,
minhas inspirações para continuar deixando um
legado. Que elas sempre saibam que os sonhos se
tornam possíveis quando a gente dá o próximo
passo, mesmo sem enxergar o chão.

AGRADECIMENTOS

Se hoje você está lendo este livro, é porque muitas mãos e corações estiveram comigo nessa caminhada. Agradeço primeiramente a Deus, que sempre me ilumina e me dá o chão quando eu não enxergo o próximo passo.

À minha esposa, Jaqueline Silva, e às minhas filhas, Maria Clara e Alice Bispo – vocês são a minha base e o meu motivo para seguir todos os dias.

À minha mãe, Maria das Graças, que já não está aqui, mas é a razão de eu ter transformado dor em propósito.

Ao meu pai, Fernando Oliveira, e aos meus irmãos, Rogério Antônio e Renata Grace, por me darem a base e a estrutura familiar de que precisava para poder prosperar.

Aos meus sócios e executivos, Matheus Kobbi, Diego Rangel, Marcela Miranda, William Alves, Guilherme Camargo e Mariana Peres – obrigado por sonharem comigo e me ajudarem a transformar minhas visões, que muitas vezes pareciam loucuras, em planos reais.

Aos Fadásticos que fazem a diferença em nossas empresas, aos alunos Investidores Profad e a cada seguidor nas redes sociais: vocês são a prova viva de que o trabalho vale a pena.

A todos os meus mentores, mas em especial a Flávio Augusto, Gustavo Cerbasi, Joel Jota, T. Harv Eker e Érico Rocha: obrigado por iluminarem o caminho e me incentivarem a seguir com minha missão.

E à Editora Gente, que acreditou no meu trabalho e me incentivou a escrever o meu primeiro livro.

A todos vocês, minha eterna gratidão!

SUMÁRIO

APRESENTAÇÃO

É uma alegria apresentar este livro. Poucos conseguem reunir clareza, direção e aplicabilidade de uma maneira tão harmoniosa, mas este aqui faz isso com naturalidade. Desde as primeiras páginas fica evidente que não se trata apenas de uma obra sobre finanças, mas sobre escolhas que ampliam a liberdade, fortalecem valores e reposicionam o papel do dinheiro em nossa trajetória.

Renan Diego é o autor por trás deste projeto. Um amigo querido, mentorado do CLAX e profissional que acompanho com admiração. Ele carrega consistência no que fala e verdade no que vive. É dedicado, focado e comprometido em servir. Seu propósito é claro, e isso salta aos olhos em tudo que entrega. Pessoas assim não passam despercebidas: elas movem ambientes e geram transformação.

O tema central desta obra toca um ponto essencial da vida moderna: em um cenário em que muitas pessoas vivem sufocadas por dívidas ou presas em padrões que não sustentam bem-estar, o conceito de produtividade financeira surge como um respiro. A proposta não é apertar mais o cinto nem correr atrás de fórmulas mágicas, e sim reorganizar prioridades e tomar decisões que sustentem uma vida plena.

Renan apresenta cinco pilares que formam um método consistente: quebrar padrões, construir uma base sólida, ativar novas fontes de renda, deixar um legado e preservar o que realmente importa. Cada parte é escrita como um convite à ação. A leitura flui, provoca reflexão e, mais do que isso, incentiva movimento. O leitor não apenas compreende – ele experimenta.

Em vez de reforçar o mito de que sucesso é ostentação, *Produtividade financeira* aponta outro caminho, um mais verdadeiro e duradouro. A riqueza aqui é medida por presença, segurança e sentido. Para o autor, a maior conquista não está em mostrar, mas em viver bem com quem se ama. Essa visão ressignifica a relação com o dinheiro e coloca a independência financeira como consequência de escolhas conscientes.

Este não é um livro para leitura superficial, então siga em frente com atenção total. Ao final, você não apenas saberá mais, mas enxergará o mundo por outra lente. Aproveite.

JOEL JOTA
Empresário, investidor e especialista
em alta performance

INTRODUÇÃO
CHEGA DE TRABALHAR SÓ PARA PAGAR CONTA

> **"Se você não encontrar uma maneira de ganhar dinheiro enquanto dorme, você trabalhará até morrer."**
>
> WARREN BUFFETT[1]

Dia de pagamento. Assim que acorda, você abre o aplicativo do banco e olha o extrato. Confirma que o salário caiu e consegue se sentir relaxado e bem consigo mesmo por uns cinco segundos. Até se lembrar de que, no final do dia, aquele dinheiro já terá outros donos. Aluguel, luz, internet, parcela do cartão, financiamento do carro – tudo devora seu dinheiro em questão de horas. Sobra pouco ou nada. E aí? O jeito é usar o cartão de crédito como uma extensão do salário: "Vou pagar no cartão, porque só vem no próximo mês". Quem nunca, né?

Desse modo, o seu cartão de crédito vira um "segundo salário" que você não tem e, mesmo sabendo disso, continua usando, porque o mercado está caro e o gás não pode esperar. Qualquer imprevisto vira desespero. O pneu furou? O filho ficou doente? A geladeira pifou? Sem planejamento para

---

[1] WARREN Buffett completa 94 anos: 10 frases do CEO da Berkshire Hathaway para investir melhor. **Exame**, 30 ago. 2024. Disponível em: https://exame.com/invest/mercados/warren-buffett-completa-94-anos-10-frases-do-ceo-da-berkshire-para-investir-melhor/. Acesso em: 24 fev. 2025.

essas emergências, vai conquistando uma dívida para o futuro. Todo mês, você acaba se fazendo a mesma pergunta: "Cadê meu dinheiro? Eu trabalho o mês inteiro para isso? Para pagar boletos?". A resposta machuca: o seu salário não é seu, você só recebe e repassa. Seu esforço vira números que escorrem entre os dedos antes que você possa sonhar com algo maior.

"Ah, mas eu ao menos tenho uma POUPANÇA." Talvez você esteja pensando assim mesmo, tudo em maiúsculo, porque você se considera o investidor. Sua "estratégia" é a seguinte: você poupa, poupa, poupa e, quando tem uma quantia legal, gasta, comprando aquilo de que estava precisando – seja um carro ou um celular novo. Raspa o dinheiro todo ou quase todo da poupança e volta a poupar, poupar, poupar e gastar, comprando um carro mais novo, um celular mais moderno ou outra coisa. O fato, porém, é que a sua poupança volta à estaca zero – ou quase isso. E assim vai indo... de novo e de novo. E aí, quando percebe, já se passaram dez, vinte, trinta anos. Você olha para a própria vida e vê que pouco conquistou; só tem um celular e um carro popular. Nada mais. Esse é o chamado Ciclo do Poupador, no qual você poupa, poupa, poupa e, então, gasta.

Percebe como nesse ciclo você vai guardar para gastar, e não para construir sua Independência Financeira? Na verdade, alguns anos atrás, esse era eu, dono de um Celta preto e um iPhone, que nem o mais novo era.

Talvez você esteja preso nesse Ciclo do Poupador, sem conseguir evoluir de fato sua vida financeira. É como se estivesse correndo sem conseguir sair do lugar. Ou, então, você se identificou com o primeiro cenário: vivendo de salário em salário para unicamente pagar boletos. Seus meses só mudam na sua agenda, todos os dias parecendo iguais. Pior: talvez você se identifique com os dois cenários! E, por estar lendo este livro, deduzo que não saiba como sair dessa confusão.

Eu entendo. Vamos ser sinceros aqui: quando estamos no meio de um furacão financeiro, sem as ferramentas necessárias, é difícil enxergar uma solução e, muitas vezes, até mesmo reconhecer essas experiências como aprendizado.

Hoje, por exemplo, reconheço a importância do Ciclo do Poupador em minha vida (apesar de ter tomado tanta raiva de poupança, que até desenvolvi alergia dela!). Mas, claro, eu preferiria não ter passado por nada disso. Não sou doido.

QUANDO ESTAMOS NO MEIO DE UM FURACÃO FINANCEIRO, SEM AS FERRAMENTAS NECESSÁRIAS, É DIFÍCIL ENXERGAR UMA SOLUÇÃO.

Produtividade financeira
@renandiegooficial

Mas o que – além dos anos e talvez, *só talvez*, alguns fios de cabelo branco – separa aquele Renan Diego do Ciclo do Poupador deste que está aqui, trocando uma ideia com você? Muita coisa! Mas principalmente conhecimento sobre Produtividade Financeira. No entanto, estou me adiantando um pouco. Vamos conversar bastante sobre isso ao longo destas páginas. Agora, só quero lhe dizer uma coisa: eu entendo.

Entendo o que é crescer em uma família humilde, morar em uma casa pequena, dividir o quarto com os irmãos e ver os pais fazendo das tripas coração para proporcionar o melhor para família, mal parando em casa, e, ainda assim, a conta no final do mês não fechar. Eu entendo o que é ter sonhos financeiros e todos eles parecerem distantes demais. Eu entendo como é difícil a rotina do trabalhador, de acordar de madrugada porque vai gastar horas no deslocamento até o trabalho, e, às vezes, ter que se alimentar dentro do transporte durante a volta porque vai, de novo, perder horas para chegar em casa. Entendo como é não ter tempo para a família, para os filhos, para os amigos, para si mesmo. Entendo a frustração de realizar um sonho e ele logo se transformar em pesadelo, porque não se tinha o conhecimento necessário. A frustração de ser enganado por promessas de enriquecimento rápido e fácil. O medo de dar o primeiro passo na área de investimento, afinal "deve ser difícil investir, isso é coisa de gente rica". O medo de perder o emprego e não ter uma reserva que dê segurança para si e para a família. Também entendo o quanto buscar conhecimento em investimento pode ser desesperador quando, ao mesmo tempo, é preciso gerenciar várias responsabilidades: trabalho, família, boletos, dívidas...

Eu, de fato, entendo tudo isso. Entendo a sua dor. E, acima de tudo, eu a respeito. E sabe por quê? Porque a sua dor já foi a minha dor um dia. Você, aliás, não está sozinho nela. Hoje, milhares de pessoas passam pelo mesmo sofrimento.

Extrato e vida no vermelho

Qual o tamanho dessa dor? Enorme. Só para colocar em perspectiva, cerca de 20,8% dos brasileiros destinam mais da metade de seus rendimentos para o pagamento de dívidas. E não são apenas números. São pessoas que acabam adoecendo. São famílias, que, muitas vezes, desmoronam devido a problemas financeiros – afinal, como revela uma pesquisa realizada pela plataforma Meu Compromisso,[2] 36% dos casais brigam por causa de dinheiro pelo menos uma vez por semana, o que pode levar a sérios problemas, incluindo o divórcio. E uma pesquisa conduzida pelo Serasa[3] revelou que 52% dos casais brasileiros acreditam que a situação financeira impacta diretamente a vida amorosa deles.

Esses dados deixam claro que hoje há uma total falta de compreensão sobre planejamento financeiro. E as pessoas seguem, como dizem por aí, "vendendo o almoço para pagar a janta". No final do mês, quando o salário cai na conta, sorteiam quais boletos vão pagar. Com o tempo, os desentendimentos em casa começam (seja com o cônjuge, seja com os pais – se mora com eles). Os sonhos vão sendo deixados de lado. Na verdade, nem tempo para sonhar essa pessoa vai ter, pois estará presa no trabalho (e a caminho dele) durante doze, catorze e até dezesseis horas por dia.

Tudo isso poderia ser evitado se educação financeira fosse uma prioridade por aqui. Em um país onde 41% da população sabe pouco ou quase nada sobre isso e 37% afirma ter apenas conhecimentos básicos, mudar esse cenário é um desafio e tanto.[4] Mais da metade (54%, para ser exato) não tem sequer o hábito de pesquisar sobre finanças e educação financeira; a maioria não sabe nem por onde começar a se informar. E esse é um dado que

---

[2] SANTOS, J.P. 36% dos casais brigam sobre dinheiro pelo menos uma vez por semana; como corrigir. **B3**, 18 abr. 2024. Disponível em: borainvestir.b3.com.br/objetivos-financeiros/organizar-as-contas/36-dos-casais-tem-brigas-sobre-dinheiro-pelo-menos-uma-vez-por-semana-entenda-como-corrigir/. Acesso em: 20 fev. 2025.

[3] BAST, E. Situação financeira impacta vida amorosa, diz pesquisa. **CNN Brasil**, 10 jun. 2023. Disponível em: www.cnnbrasil.com.br/economia/financas/situacao-financeira-impacta-vida-amorosa-diz-pesquisa/. Acesso em: 20 fev. 2025.

[4] LANZA, L. Educação financeira: 59% dos brasileiros não sabem como organizar o orçamento. **Estadão**, 20 maio 2024. Disponível em: https://einvestidor.estadao.com.br/educacao-financeira/educacao-financeira-pesquisa-onze-orcamento/. Acesso em: 20 fev. 2025.

me deixa muito triste. Quando a pessoa não sabe por onde começar, as chances de ela ser enganada por "gurus" e até mesmo por gerentes irresponsáveis de bancos é muito grande.

De novo, entendo essa dor. Eu mesmo, lá no início, já caí na conversa de um gerente de banco vendendo um produto financeiro que não era o melhor para mim. E, anos depois, eu o vi fazendo igual com uma senhora de idade. Naquele momento, eu não pude ajudar aquela senhora. Mas, desde então, carrego em mim a missão de fazer a diferença ajudando o máximo de pessoas possível a terem Independência Financeira, compartilhando não apenas um método poderoso para fazer o dinheiro trabalhar para você, para que possa deixar a escassez para trás, mas também esperança de um futuro com dinheiro e qualidade de vida. Um futuro de conhecimento em que todos tenham os mesmos direitos dos ricos.

Mas quem é Renan Diego?

Se você ainda não me conhece das redes sociais (será muito bem-vindo por lá, aliás: @renandiegooficial), é bem capaz de estar se questionando isso. Bem, há várias respostas para essa pergunta.

Posso começar respondendo que sou Renan Diego, nascido no Rio de Janeiro, mas filho de dois paraenses – Seu Fernando e Dona Graça – que saíram de Belém do Pará rumo à Cidade Maravilhosa em 1981, em busca de uma vida melhor. Sou o filho do meio – tenho um irmão mais velho, Rogério, e uma irmã caçula, Renata. Meu pai trabalhava embarcado pela Marinha Mercante, ou seja, passava longos períodos distante de casa enquanto a minha mãe tinha a desafiadora tarefa de educar três crianças. Lá em casa não tinha luxo: meus irmãos e eu estudávamos em escola pública e dividíamos o quarto – e eu sofria por dormir na cama de baixo, aquela que puxava de um treliche, com os dois pisando em mim sem querer quando se levantavam.

Também posso responder que sou marido da Jaqueline, que eu conheci aos 17 anos, quando fazia o curso técnico em Mecânica no CEFET. A mulher que acompanhou meus altos e baixos, mas sempre me apoiou. Minha amiga e meu grande amor, mãe de nossas duas princesas: Maria Clara e Alice.

Ah, essas duas pequenas. Meu grande sonho sempre foi ser pai, mas um pai presente, capaz de dar o melhor para elas.

Assim como posso responder que sou o Renan Diego, o cara de origem humilde, morador do Méier que, depois de casado, foi para Piedade, bairro do subúrbio do Rio de Janeiro. Também posso dizer que, aos 32 anos, sou aquele que, aos 32 anos, chegou ao primeiro milhão de reais e hoje mora em uma casa espaçosa em um bairro nobre da cidade. Posso falar também que sou engenheiro mecânico por formação (pela Universidade do Estado do Rio de Janeiro – UERJ), empresário por missão, investidor por decisão e, por gratidão, fundador da Produtividade Financeira, que hoje é a maior *edtech* de produtividade financeira do Brasil.

E posso também responder que sou o Renan Diego, educador e consultor financeiro, especialista em investimentos com MBA em *Value Investing*. Por meio dos meus treinamentos, já ajudei milhares de pessoas a transformarem suas vidas ao aprenderem a investir e administrar melhor o dinheiro delas.

E agora quero ajudar você.

Quero mostrar que investir não é exclusividade de quem possui grandes fortunas. Que investir não tem nada a ver com cortar o cafezinho de 3 reais ou com colocar água no detergente para economizar. Que é possível, sim, fazer o dinheiro trabalhar para você. Que é possível ter qualidade de vida e realizar todos os seus sonhos materiais, sem abrir mão dos momentos em família e com as pessoas que você ama.

Como fazer isso? Seguindo os cinco pilares do método que desenvolvi ao longo da minha jornada e que vou compartilhar com você nas próximas páginas. Por meio dele, você conseguirá alcançar sua Produtividade Financeira e, assim, estará preparado para a tão sonhada Independência Financeira.

"Ué, mas não são a mesma coisa, Renan?" Não, não são. Produtividade Financeira e Independência Financeira, apesar de estarem interligadas, são conceitos diferentes.

Produtividade Financeira é como você usa seu dinheiro no dia a dia para viver melhor, fazendo escolhas inteligentes sobre gastos e investimentos. É algo que você pode começar a fazer hoje mesmo, mudando a maneira como pensa e lida com o dinheiro. É o caminho, a jornada, é uma escolha diária.

Resumindo:

Produtividade Financeira é ter qualidade de vida enquanto o dinheiro trabalha para você.

Já a Independência Financeira é uma meta de longo prazo, é um marco financeiro. É quando você tem dinheiro suficiente investido (renda passiva) para viver dos rendimentos sem precisar trabalhar para manter seu padrão de vida.

Ou seja:

Independência Financeira é ter uma renda passiva que pague pelo seu padrão de vida.

Enquanto a Produtividade Financeira é um hábito diário que melhora sua vida agora, a Independência Financeira é o resultado que você busca alcançar no futuro depois de muito planejamento e esforço.

Meu método aborda ambos os conceitos, pois acredito que o caminho para a Independência Financeira começa com a Produtividade Financeira diária, e é exatamente isso que vamos explorar nos cinco pilares fundamentais dele. Cada pilar foi desenvolvido com cuidado para guiá-lo nessa jornada de Independência Financeira. Vamos dar uma olhada em cada um deles?

Os 5 pilares da Jornada da Independência Financeira com Qualidade de Vida

O primeiro pilar é o que chamo de Quebra de Padrão. Você provavelmente herdou crenças e padrões financeiros limitantes. Esse pilar propõe reprogramar sua mente, elevar seu nível de merecimento e cultivar uma mentalidade de abundância e prosperidade. Trata-se de acreditar que você merece prosperar e agir de acordo com isso, afinal:

Sucesso financeiro = pensamentos + atitudes.

Ninguém nasce destinado a ser pobre ou rico; nós *aprendemos a ser isso*. E, se aprendemos, podemos reaprender! Aqui, vou desafiá-lo a criar experiências positivas, mesmo com recursos limitados. Assim como eu aprendi a valorizar cada conquista, você também vai aprender a elevar seu padrão de vida, passo a passo.

O próximo pilar é a Base Sólida. Lembra quando contei sobre dividir o quarto com meus irmãos? Pois é, aprendi desde cedo a importância da organização. Mas, aqui, falamos de organização financeira de um jeito simples e prático. Nada de planilhas complexas que só o farão desistir. É sobre entender suas entradas e saídas, identificar gastos desnecessários e criar uma estrutura que faça sentido para você. Vou ensiná-lo a gastar mais, porém com mais qualidade e inteligência, e a parar de usar o cartão de crédito como extensão da sua renda e começar a usar os benefícios dele. Também abordaremos estratégias para lidar com dívidas e compras por impulso, bem como o modo de usar ferramentas financeiras de modo inteligente. Não importa se você tem dificuldade com números ou pouco tempo disponível – esse passo é desenhado para ser acessível a todos.

O terceiro pilar é a Geração de Renda. Esse passo fala de como você pode criar novas fontes de renda. Não para ficar longe da família, mas para ter mais liberdade e possibilidades financeiras. Vou ensiná-lo a identificar os três tipos de renda e aproveitar oportunidades em cada uma delas, seja no seu trabalho, nos finais de semana ou após o horário de trabalho. O objetivo é chegar ao que chamo de "transbordo" – quando você tem mais do que o necessário para suas despesas habituais.

O pilar seguinte é o Legado, que trata de investimentos, mas vai além do dinheiro. Vamos falar sobre o conhecimento que deixamos, as lições que ensinamos e passarão de geração em geração. É fazer o dinheiro trabalhar para que você possa estar mais presente na vida daqueles que ama. Nesse passo, você aprenderá os principais tipos de investimentos para cada momento da sua vida, desde a reserva financeira até o plano de aposentadoria. Aprenderá não apenas a investir, mas a ensinar outros a fazerem o mesmo. Imagine suas crianças, como as minhas, sendo capazes de aconselhar os amigos sobre finanças. Esse é o verdadeiro poder do legado que construímos!

Por fim, o quinto pilar é Qualidade de Vida. Esse passo permeia todos os outros. Porque de nada adianta acumular riqueza se não pudermos desfrutar da vida. Tem a ver com encontrar equilíbrio, ter momentos de alegria mesmo quando as coisas parecem difíceis. Afinal, qualidade de vida não significa necessariamente gastar muito. Pode ser tão simples quanto um dia na praia com a família. Aqui, vamos trabalhar com atividades e desafios que o ajudarão a cuidar do corpo, dos seus relacionamentos, da sua espiritualidade e do seu tempo. O importante é manter o bem-estar em todas as fases da sua jornada de Independência Financeira, preservando sua saúde física e mental, bem como seus relacionamentos, que, muitas vezes, sofrem quando há problemas financeiros.

Esses pilares formam a base do método que já mudou a vida de milhares de brasileiros, o que me deixa bastante feliz. É com muito prazer que estou abrindo meu baú de experiências e compartilhando esse conteúdo, fruto de anos de aprendizado no mundo das finanças.

Vou lhe mostrar que, assim como eu, você também pode chegar à sua Independência Financeira e transformar a sua vida e a de sua família.

Com o método certo e a mentalidade adequada, não importa de onde você veio ou quais são suas circunstâncias atuais, você é mais do que capaz de conquistar a Independência Financeira e a qualidade de vida que deseja e merece.

Acho que já deu para perceber que este não é apenas mais um livro sobre finanças. Ele não fala de luxo ou ostentação, mas de liberdade e realização.

Porque, sinceramente: o objetivo é dinheiro? É, é sim. Mas não apenas isso. É muito mais. Se hoje sou rico, não é somente por conta do dinheiro que tenho, mas pela vida que construí junto com minha esposa e nossas duas filhas. "Ah, Renan, mas você está falando isso agora, depois que já conquistou muitas coisas." Sim, é verdade. E, por ter conquistado tudo isso, hoje consigo afirmar que o objetivo é a transformação, a vida. E meu maior desejo é que você também trilhe esse caminho. Não será igual ao meu, pois somos pessoas diferentes. Mas vai ser especial, porque será a *sua* jornada. Quero estar ao seu lado ao longo do processo, caminhando com você até que alcance o topo, atingindo a Independência Financeira, sim, mas, acima de tudo, se sentindo feliz e realizado, tendo qualidade de vida enquanto seu dinheiro trabalha para você, pois isso é ter Produtividade Financeira.

E sabe por que quero tanto isso? Ainda não comentei com você, mas... Eu poderia ter respondido à pergunta "quem é Renan Diego?" dizendo: sou um colecionador de histórias. Histórias de sucesso, de superação. Com este livro, quero colecionar mais uma: a *sua* história de vitória.

Então, o que acha? Está pronto para começar sua jornada rumo à sua Independência Financeira com qualidade de vida? Bora evoluir?

01

FELICIDADE ADIADA – O REAL CUSTO DA FALTA DE PLANEJAMENTO FINANCEIRO

“Renan, preciso da sua ajuda com as minhas finanças.”

Hoje em dia, escuto bastante essa frase, mas, quando eu ainda trabalhava com engenharia e estava no início das minhas consultorias financeiras pós-horário de expediente, não ouvia tanto. Na verdade, quem me disse isso foi um dos meus primeiros clientes. E essa consultoria foi uma das que mudaram a minha vida.

Combinamos doze encontros em que trabalharíamos a fundo a situação financeira dele, criando um plano de Independência Financeira. Beleza. Na primeira consultoria marcada, tudo correu bem – tanto que, ao final do encontro, ele estava mais calmo e me disse: “Cara, você é incrível! Agora consigo ver uma luz no fim do túnel”.

E continuou: “Você sabe, estou em um processo de divórcio... As nossas contas estão ficando cada dia mais caóticas, mas tenho uma boa relação com a minha ex e quero deixá-la bem financeiramente também, entende?”. As contas começaram a não fechar, e fazia sentido. Afinal, juntos, eram dois salários, e a quantidade de despesas era dividida. Separados, cada um pagaria as despesas de modo integral, mas com apenas um salário. A conta de fato não fecha, ou até fecha para quem tem um salário bom, mas a qualidade de vida deles seria afetada, e o que sobrava para o lazer, passaria a não sobrar mais. Quando percebessem, já estariam no cheque especial ou usando o cartão de crédito como uma extensão do salário.

“Será que a minha ex poderia fazer esse processo de consultoria comigo?”, perguntou. Não vi problema no pedido, então concordei, mas não sem antes esclarecer que cooperaria apenas na questão do planejamento financeiro deles, pois não era psicólogo. Ele me garantiu que a separação já estava certa, e que eu só ajudaria mesmo orientando-os a pôr em ordem as finanças.

Na consultoria seguinte, ela apareceu e, dali em diante, os dois estavam sempre presentes nos atendimentos. De início, foquei trabalhar para eles se organizarem. De novo, tudo indo às mil maravilhas... Até que chegou o último encontro. Seguimos toda a jornada proposta, e o Plano de Independência Financeira estava concluído com sucesso. "E aí, valeu a pena? O que acharam?", perguntei, cheio de curiosidade para ouvir o feedback deles.

"Pô, Renan, a gente quer falar uma coisa para você. Tá vendo esse papel? É o do divórcio. Nós queríamos fazer isso na sua frente porque você faz parte disso."

Confesso que gelei. Sou um cara com valores cristãos, valorizo muito a família, sou daqueles que acreditam em envelhecer ao lado da pessoa que ama. Então, imagine como eu fiquei. *Caramba*, logo pensei, *não acredito que vão querer assinar o divórcio na minha frente.*

"Que sorte a nossa ter você como consultor financeiro para nos ajudar de uma maneira tão simples e leve", disseram e, em vez de assinarem o divórcio na minha frente, rasgaram a folha.

O meu cliente continuou: "A gente quer agradecer por tudo. Eu procurei você para passar pelo divórcio financeiramente bem, aí trouxe minha esposa também. Mas, no meio do caminho, a gente entendeu que o problema não era falta de amor. A dificuldade estava em não saber lidar com dinheiro, e isso, por um momento, falou mais alto. Renan, fazia dois anos que a gente dormia em camas separadas. E, ontem à noite, isso mudou".

A maioria das histórias não termina assim; não porque a maioria da população não tem um Renan como consultor financeiro, mas por falta de conhecimento sobre Produtividade Financeira. Infelizmente, em muitas famílias brasileiras, o dinheiro, que deveria ser uma ferramenta que proporciona conforto e momentos de qualidade, causa mais feridas do que ajuda, influenciando os relacionamentos de maneira negativa.

Com casais, isso pode ser traduzido em compras escondidas no fundo do armário para que o outro não saiba, em mentiras sobre a real renda para que o parceiro não tenha ciência do valor que se recebe, contas-correntes secretas e por aí vai. É a tal da infidelidade financeira.

O dinheiro, que pode oferecer uma considerável independência, acaba deixando a pessoa em uma prisão sem grades, em uma vida restrita: refém do que deseja fazer, mas limitado pela falta de dinheiro.

Rolou uma identificação? Percebe como esse fato não se limita ao casamento do meu antigo cliente ou a qualquer outro?

O foco aqui é você.

É aquela vez em que você deixou de ir ao happy hour porque o dinheiro estava curto.

É o curso dos sonhos que, há três anos, fica para "o ano que vem".

É o seu sorriso sem graça quando alguém lhe pergunta "quando você viaja?" e não há resposta.

É o jovem que desiste da faculdade porque o aluguel não espera.

É a mãe que conta os centavos entre o remédio e o leite.

É o freelancer que trabalha até de madrugada e ainda treme ao abrir o aplicativo do banco.

São, no mínimo, 70 milhões de histórias. A sua é uma delas.

O dinheiro não deveria ser o preço da sua felicidade, paz de espírito ou qualidade de vida – mas virou a moeda que você mais paga, e nunca tem.

Retrato do descontrole financeiro no Brasil

Sabe por que eu disse que são, no mínimo, 70 milhões de histórias semelhantes? Porque são 73,10 milhões de brasileiros endividados, de acordo com o Serasa.[5] Em média, as famílias destinam um terço de seus ganhos

---

[5] ALBUQUERQUE, F. Serasa: número de pessoas endividadas no país chega a 73 milhões. **Agência Brasil**, 30 dez. 2024. Disponível em: agenciabrasil.ebc.com.br/economia/noticia/2024-12/serasa-numero-de-pessoas-endividadas-no-pais-chega-a-73-milhoes. Acesso em: 5 abr. 2025.

ao pagamento de dívidas, o que, claro, pressiona ainda mais orçamentos já apertados. Essa realidade é ainda mais crítica entre as famílias de baixa renda (até três salários mínimos), pois quase 80% estão endividadas e dependem fortemente do crédito para sobreviver. Para completar esse quadro preocupante, o percentual de pessoas que se consideram "muito endividadas" segue em ascensão, refletindo um cenário de estresse financeiro crescente.[6]

Talvez você esteja pensando: "Ah, Renan, não estou endividado, então por que estou com este livro em mãos?". Tenho algumas considerações sobre esse pensamento de "não estar endividado". Sem dúvida, o que falamos no parágrafo anterior tem a ver com dívidas que afetam negativamente a área financeira de alguém, porque uma coisa é certa: é difícil existir alguém sem dívidas. Até os bilionários as têm, mas a questão é: elas devem ser administráveis (e vamos tratar disso um pouco mais adiante, no Capítulo 5, quando vermos que há dívidas boas e ruins). Então, se você me disser: "Renan, tenho uma dívida controlada", ok. O que for diferente disso não faz muito sentido. No entanto, observe bem, o ponto aqui não é apenas estar ou não endividado. Pois há outras tantas pessoas sem um futuro financeiro planejado. E aqui, meu amigo, muitos estão presos: de acordo com uma pesquisa da fintech Onze, 68% dos entrevistados não têm reserva financeira e 62% pretendem poupar para o futuro, mas não conseguem iniciar.[7]

Não ter controle sobre as dívidas nem ter um planejamento eficiente é a realidade do brasileiro médio hoje, uma em que se gasta mais com juros do que com qualquer outra coisa. Não estou exagerando: dados do Banco

---

[6] CAI o número de endividados no país, aponta entidade do comércio. **Agência Brasil**, 6 fev. 2025. Disponível em: agenciabrasil.ebc.com.br/economia/noticia/2025-02/cai-o-numero-de-endividados-no-pais-aponta-entidade-do-comercio. Acesso em: 5 abr. 2025.

[7] LANZA, L. Educação financeira: 59% dos brasileiros não sabem como organizar o orçamento. **Estadão**, 20 maio 2024. Disponível em: einvestidor.estadao.com.br/educacao-financeira/educacao-financeira-pesquisa-onze-orcamento/. Acesso em: 5 abr. 2025.

O DINHEIRO NÃO DEVERIA SER O PREÇO DA SUA FELICIDADE, PAZ DE ESPÍRITO OU QUALIDADE DE VIDA.

Produtividade financeira
@renandiegooficial

Central revelam que os juros do cartão de crédito (rotativo) atingiram 327,3% ao ano em julho de 2024, enquanto o cheque especial chegou a 307,1% ao ano. No crédito pessoal não consignado, as taxas médias batem 124,2% ao ano, podendo ultrapassar 200% para quem tem restrições no nome.[8]

Na prática, isso significa que uma dívida inicial de mil reais no cartão de crédito pode chegar, após um ano, a 4.273 reais, considerando juros compostos mensais de 12,66%. Veja a curva da dívida:

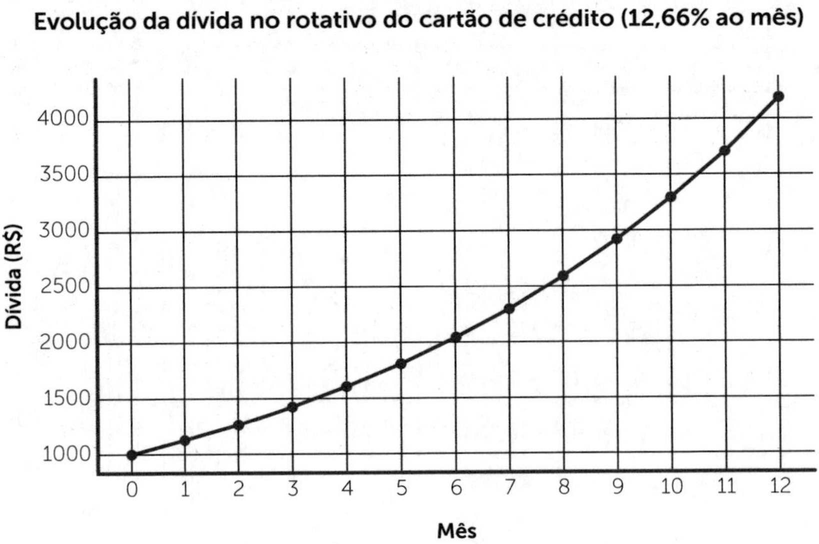

Como sobreviver a isso? Melhor dizendo, como viver bem com isso? Não é à toa que a saúde emocional do brasileiro vai de mal a pior.

Exaustos e respirando por aparelhos

O dinheiro deveria ser aquele aliado silencioso, o que abre portas para experiências, segurança e até mesmo para aquele café especial no fim do dia. Porém, em algum momento, ele virou o vilão da história – o nó na

[8] TAXAS de juros. **Banco Central do Brasil**. Disponível em: www.bcb.gov.br/estatisticas/txjuros. Acesso em: 5 abr. 2025.

garganta quando a fatura do cartão chega, a culpa por comprar o que não deveria, o desespero de ver o salário escorrer entre os dedos antes mesmo do décimo dia útil.

Acontece que o custo disso tudo é muito alto, vai além do bolso. E a maioria das pessoas sabe disso: de acordo com um estudo realizado pela fintech Onze em parceria com a seguradora Icatu, que entrevistou 8.573 trabalhadores brasileiros,[9] 64% deles acreditam que problemas financeiros afetam sua saúde emocional, o que acaba se traduzindo, em sua maioria, em ansiedade, insônia e até conflitos nos relacionamentos. É aquela conta que não fecha no fim do mês – literal e emocionalmente –, enquanto 68% admitem que as preocupações com dinheiro roubam sua concentração no trabalho.

Fica nítido perceber que há algo de muito errado nesse cenário quando 54% dos entrevistados consideram o dinheiro sua maior preocupação, inclusive colocando-o antes da família, da saúde e do trabalho. Repito: o dinheiro virou a maior preocupação da vida, deixando até saúde e família em segundo plano. Não sei quanto a você, mas, para mim, a ordem está invertida. Sim, o dinheiro é importante, e eu nem cogito pensar diferente disso, mas ele deve ocupar o lugar certo na sua vida. Ele deve proporcionar conquistas, não um AVC aos 35 anos devido ao estresse causado por dívidas e péssimo planejamento financeiro.

E é o que pode acontecer, mesmo. Isso porque, quando as dívidas chegam, elas não vêm sozinhas – trazem vergonha (em 90% dos casos, segundo estudo)[10] e um isolamento que dói. São noites em claro se revirando na

---

[9] SETE a cada dez brasileiros acreditam que falta de dinheiro afeta a saúde emocional. **Infomoney**, 27 mar. 2024. Disponível em: www.infomoney.com.br/minhas-financas/sete-a-cada-dez-brasileiros-acreditam-que-falta-de-dinheiro-afeta-a-saude-emocional/. Acesso em: 5 abr. 2025.

[10] COSTA, J. Insônia, ansiedade, tristeza e vergonha: como o endividamento impacta na saúde mental do brasileiro. **GZH**, 8 jul. 2024. Disponível em: gauchazh.clicrbs.com.br/saude/noticia/2024/07/insonia-ansiedade-tristeza-e-vergonha-como-o-endividamento-impacta-na-saude-mental-do-brasileiro-clyd4rx0l003r0161qn4dd5zu.html. Acesso em: 5 abr. 2025.

cama, dias de mau humor que afastam amigos, episódios de crises de ansiedade para a maioria, e sentimentos de tristeza e medo do futuro. O nome no Serasa vira uma sombra: 61% temem o impacto na vida social e muitos acham que a vida perdeu o sentido. E, no meio desse turbilhão, os relacionamentos se tornam um campo de batalha: 38% dos casais veem seus laços amorosos se desgastarem, transformando conversas em brigas por qualquer gasto extra.[11] Pior que isso: quase 30% dos divórcios têm as dívidas como segunda maior causa, perdendo apenas para a falta de comunicação.[12]

E assim, o que era para ser uma ferramenta para proporcionar qualidade de vida se transforma em uma fonte de medo constante – especialmente para os 55% que vivem com o temor de não ter como lidar com uma emergência.[13] Analisando esses dados, fico ainda mais motivado a ajudar as pessoas, porque, para mim, o dinheiro é para construir pontes, não muros; trazer alívio, não insônia; ser um meio, não um fim. Mas, enquanto ele for encarado como tabu – por exemplo, 66% dos casais evitam falar sobre finanças até a crise bater à porta –,[14] continuaremos presos nesse ciclo no qual o que falta no bolso também falta na alma.

Diante de tantos dados, fica evidente que o estresse financeiro gera conflitos. Até porque, pense bem, pessoas com uma vida em comum, em um mesmo ambiente, com a área financeira caótica, irritadas, brigando por gastos, dormindo pouco, preocupadas, ansiosas, com vergonha e medo... O que você acha que vai acontecer? Afastamento físico e emocional, é claro.

---

[11] SANTOS, J. P. *op. cit.*

[12] BAST, E. Situação financeira impacta vida amorosa, diz pesquisa. **CNN Brasil**, 10 jun. 2023. Disponível em: www.cnnbrasil.com.br/economia/financas/situacao-financeira-impacta-vida-amorosa-diz-pesquisa/. Acesso em: 5 abr. 2025.

[13] SETE a cada dez brasileiros acreditam que falta de dinheiro afeta a saúde emocional. **Infomoney**, 27 mar. 2024. Disponível em: www.infomoney.com.br/minhas-financas/sete-a-cada-dez-brasileiros-acreditam-que-falta-de-dinheiro-afeta-a-saude-emocional/. Acesso em: 5 abr. 2025.

[14] SANTOS, J. P. *op. cit.*

E, neste momento, é importante lembrarmos que, apesar de apresentarmos números, dados de estudos e pesquisas, estamos falando de pessoas reais, de famílias que estão sendo arruinadas. São números explicitados nestas páginas, mas, na vida real, trata-se de quem está ao seu redor: seus familiares, seus amigos, seus pais. E também de você.

Sabe o mais louco disso tudo? As pessoas estão trabalhando como se não houvesse amanhã, e, ainda assim, a conta não está fechando. "Opa, espera aí, Renan. É verdade, trabalho tanto, mas o dinheiro não está rendendo." Pois é. Vê o paradoxo? Grande parte das pessoas está trabalhando mais, porém tendo menos tempo para aproveitar a vida – e, de quebra, os rendimentos não estão suprindo suas necessidades (muitas vezes, nem as básicas).

Há uma epidemia de burnout no Brasil, com 40% da população economicamente ativa sofrendo dessa doença. De 2019 a 2023, segundo o INSS, houve um aumento de 1.000% nos afastamentos por burnout, e olhe que muitos casos nem sequer são diagnosticados.[15]

Estamos exaustos, respirando por aparelhos, enfrentando jornadas extenuantes, cobranças excessivas e pressão constante por resultados, muitas vezes sem o suporte necessário. Corremos atrás de dinheiro como pequenos roedores na roda: sem chegar a lugar algum.

Nosso maior ativo está descendo ralo abaixo

Estamos presos a um padrão que funciona mais ou menos assim:

Salário cai (eba!!!) → pagamos dívidas/boletos (ufa!) → usamos crédito (pois já estamos zerados) → salário cai (eba!!!); e por aí vai...

Já perdi a conta de quantas vezes ouvi de um aluno: "Meu salário some em dez dias. O resto do mês, vivo no cartão". Muitos estão presos no loop

[15] CARVALHO, R. O Brasil enfrenta uma epidemia de 'burnout'? **BBC News Brasil**, 14 ago. 2024. Disponível em: www.bbc.com/portuguese/articles/cnk4p78q03vo. Acesso em: 6 abr. 2025.

de usar o cartão de crédito como se fosse extensão do salário, ou o 13º para quitar dívidas, mas volta ao vermelho em janeiro. Bem, esse é o custo oculto de não enxergar o dinheiro como ferramenta, de permitir que ele controle a sua vida, e não o contrário.

Digo isso com carinho. Eu mesmo já passei por essa fase – e ainda vamos conversar muito sobre as minhas experiências. Mas o fato é que o brasileiro ou está no ciclo da dívida, ou no da reserva, ou no do investimento. Independentemente de onde esteja, sempre há espaço para melhorar – ainda mais quando falamos de planejamento financeiro em um país no qual o custo de vida supera em quase cinco vezes o salário mínimo. Segundo o cálculo do Dieese,[16] em junho de 2025, o salário mínimo necessário para sustentar uma família de quatro pessoas deveria ser de 7.416,07 reais, bem distante do valor atual de 1.518 reais. Essa disparidade revela um desafio brutal: como equilibrar contas básicas (aluguel, alimentação, educação) quando a renda não acompanha a realidade?

Confirmando o que eu acabei de dizer, esses números nos mostram que:

- quem está no ciclo da dívida vive sob pressão de juros e contas atrasadas;
- quem busca a reserva de segurança enfrenta a armadilha da poupança de baixo retorno;
- e os que investem precisam vencer a inflação e a desinformação para fazer o dinheiro render.

Mas há algo ainda pior que o número no extrato: o que ele *rouba* de você...

Enquanto o salário some entre dívidas e crédito rotativo, os sonhos viram "um dia, quem sabe, talvez eu realize". Enquanto você corre atrás de pagar as dívidas do presente, o futuro vai ficando cada vez mais distante. A sonhada viagem em família continua sendo adiada. A casa própria, que

---

[16] PESQUISA nacional da Cesta Básica de Alimentos. **Dieese**. Disponível em: www.dieese.org.br/analisecestabasica/salarioMinimo.html. Acesso em: 6 abr. 2025.

SEMPRE HÁ ESPAÇO PARA MELHORAR – AINDA MAIS QUANDO FALAMOS DE PLANEJAMENTO FINANCEIRO.

Produtividade financeira
@renandiegooficial

deveria ser um porto seguro, fica mais impossível de conquistar a cada reajuste do aluguel. Até o tempo com a família vira moeda de troca – "hoje não posso, preciso fazer hora extra".

Quero compartilhar algo sobre isso. Por trabalhar na Marinha Mercante, meu pai ficava longos períodos longe da família, embarcado. Para quê? Para nos dar o melhor. E, mesmo se sacrificando tanto, ficando distante de casa, sem tempo nem para lazer, meu pai não conseguia arcar com os custos de uma escola particular para os três filhos – eu mesmo sempre estudei em escola pública.

Toda vez que ele ia embarcar, o coração dele ficava conosco. E, quando retornava, a alegria acabava por se tornar uma contagem regressiva para o dia que ele embarcaria novamente. E isso doía em todos nós.

Tempo é o nosso maior ativo. É uma das poucas coisas que não conseguimos recuperar depois que o perdemos. Aqueles momentos distantes da família não vão voltar. Apesar de não ser possível mudar o passado, podemos nos organizar para não permanecer assim no presente e no futuro.

É claro que eu entendo os pais que passam o dia fora para trazer o sustento para casa. Não há qualquer julgamento aqui. Na maioria das vezes, eles agem assim por necessidade, falta de conhecimento ou o que quer que seja, não porque estão a fim. Ninguém pensa: *Ai, que vontade de trabalhar até ficar exausto em vez de ir ao cinema com as minhas filhas*. Mas entende como é injusto demais? Estamos vivendo no modo sobrevivência, no qual trabalhamos só para pagar contas – qualidade de vida zero, só falta perguntar: "Qualidade de vida? O que é isso? É de comer?".

Sabe o que é mais cruel? A normalização desse sufoco. Achamos natural trocar saúde física e mental por horas extras, adiar exames médicos para pagar parcelas, abrir mão de cursos que poderiam mudar nosso futuro, deixar para a família e os amigos o resto do tempo, aqueles minutos em que você não está fazendo nada. Nós nos acostumamos a viver com o pé no freio, sempre adiando a vida para um "quando as coisas melhorarem" – que quase nunca chega.

E aí vem a culpa.

É a voz que sussurra "eu deveria ter feito diferente". Mas preste atenção no seguinte: você não está errado *por estar errando*. Está fazendo o melhor que pode com o conhecimento que tem. É preciso deixar essa culpa para trás, pois, enquanto a culpa paralisa, o conhecimento liberta. E estou aqui para ajudar. No próximo capítulo, você vai entender por que enquanto não sobra dinheiro no final do mês, transborda o sentimento de estar trabalhando só para pagar boletos.

02

FALTA CONHECIMENTO E SOBRA PRESSA

> "Investir em conhecimento rende sempre os melhores juros."
>
> BENJAMIN FRANKLIN[17]

Já estou me coçando antes mesmo de começar o capítulo. Você já deve imaginar o motivo. Vamos tocar de novo no assunto poupança, algo que, como comentei na introdução, me dá alergia só de pensar. Mas vamos lá. É importante voltarmos a falar disso, até porque não contei a história toda.

Compartilhei com você que, no início, eu vivia no Ciclo do Poupador, certo? E o dinheiro simplesmente não rendia. Até porque, claro, além do fator de rendimento pífio da poupança, eu guardava o dinheiro, mas depois gastava tudo. E, então, voltava a poupar e a gastar, em um ciclo eterno. Eterno, não, porque teve fim, graças a Deus. Levei quinze anos para aprender a investir e multiplicar meu dinheiro de verdade.

Na época, já estudava Engenharia Mecânica na UERJ e precisava tomar uma decisão. Meu período no Exército estava para acabar; a minha vaga era de oficial, mas temporária, de, no máximo, sete anos. Então, dois anos antes de completar esse tempo, abri mão da farda para começar a estagiar como engenheiro, ganhando praticamente cinco vezes menos. Fui chamado de

[17] Tradução livre. Original: *"An investment in knowledge pays the best interest"*. ABOUT Benjamin Franklin. **Benjamin Franklin**, 2025. Disponível em: https://benjaminfranklin.yale.edu/about-us/about-benjamin-franklin. Acesso em: 11 abr. 2025.

louco, mas fazer o quê? Eu precisava dar esse passo para trás se quisesse dar muitos outros para a frente no futuro. Foi fácil? Claro que não. Foi um período de muitas renúncias, não apenas minha, mas também das pessoas ao meu redor. Conversei com os meus pais e com a Jaque, que já era minha namorada na época. Eu me lembro de que, quando saía do estágio, pegava o ônibus e comia por ali mesmo. Procurava o último banco no fundão, e, quando passava em quebra-molas, a comida às vezes derramava. Tudo isso para chegar a tempo para a aula.

Ao sair do Exército, recebi uma quantia pelos anos trabalhados. Assim que aquele dinheiro foi depositado, mesmo não sendo nenhuma fortuna, descobri algo: eu tinha um gerente de conta. Ele me ligou, foi quase instantâneo. Impressionante.

Eu, que nunca tinha recebido uma ligação dessas, até estranhei. Ele falou comigo como se fôssemos grandes amigos. Sabia tudo de mim, inclusive quanto havia na minha conta. E aí me convidou para tomar um café. Sem entender muito bem a razão do convite, aceitei, afinal era *o gerente de conta de um banco convidando o Sr. Renan para tomar um café.*

Chegando lá, eu me senti um rei. Até cafezinho e biscoitinho me ofereceram, e uma proposta que, segundo o gerente, era muito interessante: "Vai garantir a sua aposentadoria, dar a você tranquilidade e segurança de ter uma renda mensal daqui a alguns anos". *Meu Deus!*, pensei. ***É agora que vai dar tudo certo!*** Assim, aceitei passar todo aquele dinheiro para uma previdência privada, mesmo sem entender nada sobre investimentos. Disse para ele: "Estou confiando em você, gerente".

Dali em diante, passei a estudar sobre investimento. Como eu tinha feito aquela previdência privada, eu já me achava "o cara". No entanto, vi que aquela aplicação feita por orientação do gerente do banco era uma furada, rendia menos que a poupança, e tirei o meu dinheiro de lá. Como eu já me achava "o investidor", quis ousar um pouco mais e fui direto para o mercado de ações, sem nem saber um "A" sequer sobre a bolsa. Nem precisa adivinhar o que aconteceu, né? Eu perdi dinheiro, claro.

Fiquei arrasado e me senti a pior pessoa do mundo. Um total fracassado. Por ter perdido meu dinheiro, sim, mas muito mais porque eu tinha ciência de que, além de humildade, me faltava conhecimento. Eu pensei:

Cara, eu ralo pra caramba para conseguir meu tão suado dinheiro para perder assim? Por falta de conhecimento?

Nada, porém, se compara ao que estava por vir.

O preço da ausência de educação financeira

Foi nesse banco, há anos, que descobri como a falta de educação financeira pode custar caro. Eu, que me achava "esperto" por guardar dinheiro, coloquei 30 mil reais em uma previdência privada sem ler as letras miúdas do contrato. Os rendimentos eram ridículos. E, então, despenquei de vez no mercado de ações. Aprendi do pior jeito que não basta ter ou guardar dinheiro; é preciso saber onde vai aplicá-lo, ter conhecimento e educação financeira – algo bem deficiente em nosso país.

Não sou eu quem está falando isso, são os números. Segundo pesquisa da Anbima,[18] que entrevistou 1.599 pessoas em todo o país, com idade entre 18 e 64 anos:

- 59% não sabem como organizar o orçamento;
- 41% têm pouco ou quase nenhum conhecimento sobre finanças;
- 37% têm apenas conhecimentos básicos;
- 18% conseguem organizar suas finanças e entendem um pouco de investimentos;
- apenas 3% dominam bem o assunto e gerenciam suas finanças com eficiência.

---

[18] RAIO X do investidor brasileiro chega à sétima edição com novos levantamentos sobre estresse financeiro e apostas on-line. **Anbima**, 24 abr. 2024. Disponível em: www.anbima.com.br/pt_br/noticias/raio-x-do-investidor-brasileiro-chega-a-setima-edicao-com-novos-levantamentos-sobre-estresse-financeiro-e-apostas-online.htm. Acesso em: 11 abr. 2025.

Resumindo: somos quase analfabetos quando se trata de finanças, com apenas 2,5% da população investindo na bolsa de valores, por exemplo.[19]

Sempre que vejo esses dados, eu me recordo do Renan de lá de trás e do quanto ele ficou dando cabeçada na parede até entender de fato sobre investimento (e continuo aprendendo até hoje!). Só de pensar que esse tanto de gente[20] provavelmente está passando pela mesma situação, fico entristecido, mas também tenho mais motivação para estar aqui conversando com você, colaborando para sua evolução.

A pesquisa da Anbima também revelou que mais da metade dos entrevistados (54%) não busca informações sobre educação financeira, e, desse número, a maioria nem sequer sabe por onde começar a procurar conhecimento (52%). Entre os 46% que pesquisam sobre finanças, a maioria usa o Google, o YouTube e outras redes sociais. Aqui, ainda tem a questão de qual tipo de conhecimento essas pessoas estão indo atrás, e se são de fontes realmente confiáveis.

A verdade é que há pouco ou nenhum foco no ensino de finanças nas escolas brasileiras, o que deixa a população sem base para organizar seu orçamento. E o problema começa em casa. Segundo o estudo *How Financially Smart Are Students?*, do renomado Programme for International Student Assessment (PISA) de 2022,[21] 95% dos jovens aprendem sobre dinheiro com os pais; mas, se esses pais também não tiverem educação financeira, o ciclo de más práticas se perpetua. Nas escolas, a situação não é

---

19 PERFIL pessoas físicas. **B3**. Disponível em: www.b3.com.br/pt_br/market-data-e-indices/servicos-de-dados/market-data/consultas/mercado-a-vista/perfil-pessoas-fisicas/perfil-pessoa-fisica/. Acesso em: 11 abr. 2025.

20 Considerando uma margem de erro de ±2,5%, os dados da pesquisa da Anbima sugerem que, em nível nacional, seriam quase 90 milhões em situação de vulnerabilidade financeira por falta de conhecimento, e apenas 4,4 milhões com domínio suficiente para investir e planejar aposentadoria. Essa diferença chega a ser ridícula.

21 PISA 2022 Results (Volume I). The State of Learning and Equity in Education. **OECD**, 5 dez. 2023. Disponível em: www.oecd.org/en/publications/pisa-2022-results-volume-iv_5a849c2a-en.html. Acesso em: 11 abr. 2025.

melhor: metade dos alunos não aprende sobre assuntos relacionados a dinheiro em suas aulas.

Os resultados são preocupantes, sobretudo em países de baixo desempenho como o Brasil, onde a pontuação média em educação financeira (416 pontos) ficou significativamente abaixo da média geral de 494 pontos calculada pela Organização para a Cooperação e Desenvolvimento Econômico (OCDE). Estamos à frente apenas da Malásia e da Arábia Saudita. Vale ressaltar que este desempenho fraco não se limita apenas à educação financeira. O Volume I do PISA 2022[22] revela que o Brasil obteve uma média de 379 pontos em matemática, muito abaixo da média da OCDE de 472 pontos, colocando o país na 65ª posição entre 81 países/economias participantes. Mais alarmante ainda é o fato de que 73% dos estudantes brasileiros não atingiram o nível básico de proficiência em matemática, o que fundamenta as dificuldades observadas em educação financeira.

Em Singapura, líder do ranking da OCDE em educação financeira no PISA 2022, os jovens de 15 anos já demonstram habilidades avançadas de planejar finanças a longo prazo e compreender conceitos financeiros complexos, e no Canadá, que se mantém entre os melhores desempenhos, os estudantes mostram forte capacidade de análise de produtos financeiros. Enquanto isso, os brasileiros enfrentam dificuldades com conceitos simples – aproximadamente 44% não atingem o nível básico de proficiência em educação financeira, ficando abaixo do Nível 2 na escala do PISA.

E o pior: a maior parte do desempenho em finanças depende de matemática e leitura básicas, mas essas são duas áreas em que também patinamos.[23] É como se o Brasil insistisse em correr uma maratona vestindo traje de gala – e ainda se perguntasse por que não chega na frente.

---

[22] *Ibid.*

[23] *Ibid.*

Há iniciativas do governo[24] para reverter esse quadro. Desde 2010, foi estabelecida por decreto presidencial a Estratégia Nacional de Educação Financeira (ENEF). Em 2020, a Lei 14.181 incluiu a Educação Financeira e Fiscal na Base Nacional Comum Curricular (BNCC), e surgiu o Programa Educação Financeira nas Escolas – uma parceria entre o Ministério da Educação (MEC), a Comissão de Valores Mobiliários (CVM) e o Sebrae,[25] cujo objetivo é capacitar milhares de professores em educação financeira, impactando 25 milhões de alunos do Ensino Fundamental e Médio, de escolas públicas e privadas. A abordagem é transversal, ou seja, há uma integração do tema em disciplinas como matemática, história, geografia, ciências e português, com os professores adaptando o conteúdo à sua matéria (por exemplo: matemática ensina juros; geografia discute globalização financeira). Além disso, sua estrutura é descentralizada, o que permite adaptação regional. Mas os resultados são ainda muito tímidos,[26] e, provavelmente, vamos demorar muito para ver os frutos a longo prazo. Estamos bem distantes de países como Austrália, Suécia, parte dos Estados Unidos e muitos outros, cujos investimentos na área de educação financeira são exponenciais e, inclusive, ela é considerada matéria obrigatória no currículo escolar.[27]

---

[24] Uma dessas iniciativas é o Aprender Valor, do Banco Central. O programa é gratuito e visa ajudar professores, escolas e redes de ensino a levarem educação financeira a estudantes do ensino fundamental de todo o país. Saiba mais em: https://aprendervalor.bcb.gov.br/site/aprendervalor.

[25] O QUE é o Programa Educação Financeira na Escola? **Educação financeira na Escola**. Disponível em: www.edufinanceiranaescola.gov.br/o-que-e-o-programa-educacao-financeira-nas-escolas-2/. Acesso em: 11 abr. 2025.

[26] BRUHN, M.; LEÃO, L. S., LEGOVINI, A.; MARCHETTI, R.; ZIA, B. & THE WORLD BANK DEVELOPMENT RESEARCH GROUP & LATIN AMERICA AND CARIBBEAN REGION. **The Impact of High School Financial Education**. Policy Research Working Paper 6723, dez. 2013. Disponível em: https://documents1.worldbank.org/curated/en/753501468015879809/pdf/WPS6723.pdf. Acesso em: 11 abr. 2025.

[27] FERNANDES, C. Por que a educação financeira ainda não é ensinada nas escolas? **Universidade Federal de Pelotas**, 13 dez. 2024. Disponível em: wp.ufpel.edu.br/superavit/2024/12/13/por-que-a-educacao-financeira-ainda-nao-e-ensinada-nas-escolas/. Acesso em: 11 abr. 2025.

NÃO BASTA TER OU GUARDAR DINHEIRO; É PRECISO SABER ONDE VAI APLICÁ-LO, TER CONHECIMENTO E EDUCAÇÃO FINANCEIRA.

Produtividade financeira
@renandiegooficial

As consequências dessa falta de conhecimento são assustadoras, e já vimos o estrago que ela pode fazer na vida das pessoas. Afinal, é um efeito dominó: pais endividados resultam em filhos repetindo o padrão, pois estes se espelham no comportamento daqueles.[28]

E, quando entra em cena a questão de comportamento, conseguimos identificar outra causa para o caos em nossa vida financeira.

Um "mimo", por favor! Um não, dez! Melhor, vinte! E para ontem!

Vivemos na cultura do agora, do consumo imediato, é tudo para ontem. Não estamos dispostos a esperar mais de um dia para receber uma encomenda. Achamos que o carro de aplicativo está demorando demais, mesmo que o tempo de espera seja de cinco minutos. Quando o celular demora sete segundos para responder a um comando, reclamamos: "Que lentidão!". E, se você pensa que isso não tem nada a ver com finanças, está enganado. Tudo tem a ver com a nossa vida financeira.

Afinal, de onde você acha que vem a ideia de "Vou gastar mesmo, ninguém sabe o dia de amanhã, vai que eu não estou mais aqui"? A origem dela é essa ânsia de saciar uma vontade que não pode esperar.

Veja bem, é fundamental vivermos com os pés fincados no presente. De fato, só temos o hoje e, como falam os mais experientes, "Quem vive de passado é museu"; quem está no futuro, na verdade, não está vivendo lá nem cá. Só que essa cultura do agora tem consequências (e causas) um pouco mais complexas. Estamos falando de pessoas que gastam de maneira não planejada, mais especificamente, de cerca de sete em cada dez consumidores que afirmam comprar no impulso, sendo que, destes, 72% se arrependem dos

---

[28] PEREIRA, I. Como o comportamento financeiro dos pais influencia os filhos? **Gov.br**, 18 dez. 2020. Disponível em: www.gov.br/investidor/pt-br/penso-logo-invisto/como-o-comportamento-financeiro-dos-pais-influencia-os-filhos. Acesso em: 11 abr. 2025.

produtos adquiridos logo em seguida.[29] Isso acaba prejudicando o controle orçamentário e dificultando a formação de uma reserva de segurança para lidar com imprevistos ou realizar sonhos – e, claro, potencializa o risco de endividamento. Sem nem entrar no mérito de que tudo isso é causado por um produto cuja compra a maioria afirma ter achado desnecessária!

Mas eu entendo por que isso acontece. Estamos trabalhando tanto, mas tanto (aliás, sabia que 31% dos brasileiros trabalham de oito a doze horas por dia e 6% ultrapassam as doze horas diárias?),[30] para dar conta dos boletos que nem lembramos com o que gastamos, porque compramos os nossos "mimos". E, nessa equação, as compras acabam entrando como uma recompensa pelo trabalho árduo. Não estamos falando aqui de comprar um bombom para comer tomando um cafezinho depois do almoço. Estamos falando de famílias, relacionamentos e vidas arruinadas.

E o que alimenta esse ciclo? A ideia de que consumo é sinônimo de felicidade – ou, pelo menos, de pertencimento. Um celular melhor, um carro mais novo, uma viagem para postar nas redes... Tudo parece indispensável, como se não pudéssemos ficar para trás. Entenda: não é errado desejar e ter esses itens, o errado é ter sem um planejamento; o qual, inclusive, vou lhe ensinar neste livro. Você vai aprender tudo de que precisa para fazer um planejamento simples para poder comprar o que quiser sem se preocupar com dinheiro. Isso porque eu não quero que você jogue no lixo o seu plano de Independência Financeira só porque está com um estilo de vida que muitas vezes não cabe no orçamento de hoje, com as dívidas se acumulando. Não dá para antecipar um sonho e deixá-lo virar um pesadelo. Pois,

---

[29] RAMOS, M. 7 em cada 10 brasileiros dizem comprar por impulso e se arrepender depois, aponta levantamento. **CNN Brasil**, 26 ago. 2024. Disponível em: www.cnnbrasil.com.br/economia/financas/7-em-cada-10-brasileiros-dizem-comprar-por-impulso-e-se-arrepender-depois-aponta-levantamento/. Acesso em: 11 abr. 2025.

[30] SOUSA, A. Datafolha: 43% dos brasileiros alegam falta de tempo para lazer e descanso. **Diário do Centro do Mundo**, 28 dez. 2024. Disponível em: www.diariodocentrodomundo.com.br/datafolha-43-dos-brasileiros-alegam-falta-de-tempo-para-lazer-e-descanso/. Acesso em: 11 abr. 2025.

quando o alívio de comprar algo novo some rápido, o que fica é o aperto no bolso.

No fim, é como se estivéssemos tentando preencher um vazio com coisas, mesmo sabendo que elas não resolvem. E aí, quando a conta chega, percebemos que trocamos a tranquilidade financeira de hoje e, em muitos casos, a Independência Financeira do futuro por momentos rápidos e passageiros de satisfação. Será que vale a pena? Você já sabe a resposta. Mas, enquanto a sociedade seguir nos dizendo que sim, muitos vão continuar nessa montanha-russa – gastando o que não têm, tentando ser alguém que, naquele momento, não é.

Agora, pense comigo: sem informação robusta de educação financeira, gastando além do orçamento, se matando de trabalhar, sem tempo para mais nada, apenas apagando incêndios (isto é, escolhendo qual boleto vai pagar naquele mês), o que se pode fazer?

Acho que já deu para perceber que há um ciclo a ser quebrado aí:

Falta de educação financeira → não planeja, não investe → grana fica curta → precisa trabalhar mais → cansaço aumenta e não tem tempo para aprender → não estuda finanças...

Entende como você está nesse círculo vicioso? É preciso quebrá-lo o quanto antes. E sabe por quê? A vida é muito curta. E isso não é papinho furado, não. Lembra quando comentei que o pior ainda estava por vir? Então, eu só fui perceber o quanto isso é real quando perdi a minha mãe. Ela tinha apenas 55 anos.

Viva intensamente cada dia, antes que seja tarde demais

Esse foi o pior impacto que já sofri até hoje. De repente, a minha referência, a minha rainha, a pessoa que sempre me apoiou e que me encorajou a buscar meus sonhos, que falava "Vai lá e faz. Segue seu sonho" se foi, não estava mais entre nós. Nesse momento, além de toda a tristeza que é impossível descrever, mergulhei em uma reflexão muito profunda sobre o sentido da vida. Será que é isso mesmo? A gente trabalha, fica longe da família para ter mais dinheiro, para gastar mais. E aí você quer ganhar mais, precisa trabalhar mais e ficar cada vez mais longe dos que ama e, quando vê, eles se foram... Será que isso é viver?

No capítulo anterior, comentei que meu pai trabalhava, fazendo viagens e ficando longe por longos períodos. Então, depois da morte da minha mãe, eu me olhei no espelho e vi o meu pai. Eu estava reproduzindo exatamente a mesma rotina de trabalho de quando ele era mais novo. E não gostei do que eu vi para o meu futuro. Eu não queria que meu pai ficasse distante quando eu era pequeno e tinha certeza de que os meus filhos também não gostariam dessa ausência.

Foi nesse momento que prometi para mim mesmo que jamais deixaria meus filhos serem órfãos de um pai vivo. E olha que, na época, eu não tinha ideia de que hoje teria duas meninas e que o meu maior orgulho em ter decidido construir uma jornada para minha Independência Financeira seria ser um pai presente para a Maria Clara e para a Alice.

Há muitos filhos cujos pais estão tão distantes que parece que essas crianças são órfãs. E muitos desses pais colocam no trabalho a responsabilidade de não estarem presentes na vida dos filhos. Mas não precisa ser assim, como vamos ver mais adiante.

Retomando o turbilhão da partida da minha mãe, fomos surpreendidos com uma coincidência do destino. A minha mãe, que também não tinha educação financeira, possuía um título de capitalização que dava uns mil reais. Só que não podíamos retirar de imediato, era preciso esperar cerca de um ano, senão perderíamos dinheiro. Aquele dinheiro ainda deveria ser dividido entre mim, meu pai e meus irmãos, e a verdade é que eu não quis receber. Não tinha nem emocional para isso. Mas, depois de algum tempo, retirei o valor de lá. Porque, de certa forma, minha mãe o deixou para nós e foi um dinheiro suado.

Entende a urgência de você mudar a sua história? A vida é um sopro, como falam por aí. E você só vai conseguir recuperar as rédeas da sua vida quando sair do endividamento, conseguir saúde financeira, realizar sonhos, ter tempo de qualidade com as pessoas que você ama enquanto seu dinheiro está trabalhando para você.

Aliás, foi isso o que aconteceu com o casal do primeiro capítulo. Lembra-se deles? Eles não levaram o papel do divórcio para assinar na minha frente,

JAMAIS DEIXAREI MEUS FILHOS SEREM ÓRFÃOS DE UM PAI VIVO.

Produtividade financeira
@renandiegooficial

queriam, na verdade, rasgá-lo, e recomeçar uma nova história, só que agora com Produtividade Financeira. E eu? Eu comecei a chorar. E até hoje, quando conto essa história, fico emocionado. Aquele foi mais um ponto de virada para mim. Eu pensei: *Cara, tenho que fazer isso para o resto da vida. Quero ajudar outros casais, pais, filhos, tios, avós, outras mães.*

Ou seja, preciso possibilitar que qualquer família tenha os mesmos direitos dos ricos e possa viver com mais qualidade de vida enquanto o dinheiro trabalha para ela, uma vida com Produtividade Financeira.

Esse é o seu caso aqui, com este livro em mãos.

Preparado, então? A partir da próxima página, só vamos para cima. Você vai ver. Bora evoluir!

03

FAÇA O DINHEIRO TRABALHAR PARA VOCÊ

"O que é que eu vou fazer com essa tal liberdade? [...] Eu andei errado, eu pisei na bola, troquei quem mais amava por uma ilusão."

SÓ PRA CONTRARIAR[31]

Quando morava no meu primeiro imóvel próprio, um apartamento de 52 metros quadrados no bairro Piedade, no subúrbio do Rio Janeiro, meu pai mal ia me visitar. Fazia aquelas visitas de médico, de no máximo uma horinha, e ia embora. Sempre tinha um compromisso. Algo para fazer. E acabava que passávamos pouco tempo juntos. Não entendia bem o porquê daquela atitude, mas nunca o questionei.

Até que, um dia, conversando com ele na minha casa nova, notei que ele estava todo largadão no sofá, à vontade, e me enchi de orgulho e felicidade. Então, eu me lembrei de como ele se comportava na antiga residência e lhe perguntei o que tinha mudado. A resposta dele me pegou de surpresa. De verdade, eu não esperava ouvir aquilo. Ele disse: "Meu filho, lá era muito apertado. Tinha a impressão de que eu estava tirando a privacidade de vocês e, por isso, não demorava. Já aqui, como é bem maior, fico tranquilo. Se duvidar, vocês não sabem nem o cômodo em que estou!".

Morar em uma casa maior, com mais quartos, com piscina, churrasqueira e área de lazer completa pode até parecer ostentação. Algo puramente material. Mas, na real, o maior benefício que essa conquista me trouxe foi

[31] ESSA tal liberdade. Só pra Contrariar. In: SÓ pra contrariar. São Paulo: Sony BMG, 1994.

ter o meu coroa mais perto, exatamente como eu queria quando criança; sem ele ficar com a sensação de que estava incomodando; vê-lo todo feliz na piscina, brincando com as netinhas, marcando as festinhas da família aqui, os churrascos com os amigos. Isso é massa demais! E não é sobre ter dinheiro. Até porque isso sequer tem preço.

Esse é o poder da **Produtividade Financeira**, de ter o dinheiro trabalhando para você, de não ficar correndo desesperado atrás da grana, sem um plano, uma meta, uma estratégia. Não é sobre acumular riqueza a qualquer custo ou seguir fórmulas engessadas de controle obsessivo de gastos. É, acima de tudo, uma filosofia que coloca, no centro das decisões financeiras, a qualidade de vida – seja um jantar especial no fim do dia, uma viagem em família, seja a tranquilidade de não depender do próximo salário para pagar as contas. A ideia é simples, mas revolucionária. Não se trata de alcançar um número mágico na conta bancária, mas de criar hábitos que permitam que o dinheiro sirva a você e sua família, e não o contrário.

"Ah, Renan, entendi. É tipo ter liberdade financeira." Não, esquece isso. Aliás, é melhor já esclarecer: liberdade financeira é uma ilusão. E é tão importante ter conhecimento disso, que abri o capítulo com a letra de uma música que, além de ter tocado muito na minha infância, também tem a ver com a minha história. Não sei se você sabe, mas eu já fiz parte de um grupo de pagode, tocando cavaquinho, então sempre me lembro dessa música do Só Pra Contrariar quando penso em liberdade financeira ser uma ilusão. Aguenta aí, você já vai saber aonde quero chegar com isso.

Nem bilionários podem tudo financeiramente

Antes de explicar mais sobre o método Produtividade Financeira, precisamos entender alguns conceitos importantes: Segurança Financeira, Independência Financeira e liberdade financeira.

Bem, você já sabe que Produtividade Financeira é mais do que fazer dinheiro, é um estilo de vida; não apenas um marco financeiro, um fim em si mesmo. É o modo como você usa seu dinheiro no dia a dia para viver melhor, fazendo escolhas inteligentes sobre gastos e investimentos. É algo que você pode começar a fazer hoje mesmo, mudando a maneira como pensa no dinheiro e lida com ele. É o caminho, a jornada, é uma escolha diária. É o início de sua jornada de prosperidade, o pontapé para transformar a sua vida.

Para simplificar, Produtividade Financeira é você ter qualidade de vida enquanto seu dinheiro trabalha para você.

Em paralelo a essa busca, tem a da Segurança Financeira. Para chegar a esse marco, basta você ter a sua reserva financeira destinada para sua segurança, para um momento de emergência. E, sinceramente, eu acredito que segurança não se negocia.

Após a conquista da Segurança Financeira, é hora de buscar a tão desejada Independência Financeira. E o que é Independência Financeira? É ter uma renda passiva – aquela na qual você não precisa trocar o seu tempo por dinheiro e que já pague por todo o seu padrão de vida atual. É quando você tem dinheiro suficiente investido para viver dos rendimentos, sem precisar trabalhar. É um marco, o resultado que você busca alcançar no futuro, depois de muito planejamento e esforço.

Importante dizer que, ao percorrer sua jornada de Segurança Financeira e chegar até a sua Independência Financeira, você pode chegar com ou sem Produtividade Financeira. Mas chegar a esses marcos sem ter Produtividade Financeira acaba não fazendo muito sentido; afinal, não estamos apenas atrás de dinheiro. Até porque não vai fazer sentido ter dinheiro, mas não ter qualidade de vida, não é verdade? É por isso que Produtividade Financeira é uma escolha diária!

"E essa tal de liberdade financeira, Renan?" É uma baita ilusão. E eu vou lhe dizer o porquê. O conceito de liberdade financeira é você poder comprar qualquer coisa a hora que quiser. Como a todo tempo almejamos algo melhor, ficamos como um filhote correndo atrás do próprio rabo e nos frustramos. Porque é um marco financeiro infinito. Como você consegue chegar ao infinito? Você nunca alcança essa tal liberdade financeira, porque sempre vai ter um próximo passo, mesmo você tendo muito dinheiro.

O foco da liberdade financeira é alcançar algo que não existe. Sabe como sei disso? Eu já tinha minha Independência Financeira e o meu primeiro milhão. E comecei a andar com pessoas multimilionárias e até bilionárias. E o que aconteceu? Eu estava sempre buscando a tal liberdade financeira, mas sempre tinha um próximo passo, e eu acabava não aproveitando e curtindo o que já tinha construído e conquistado: uma vida com Independência Financeira, com Produtividade Financeira que me proporcionava conforto.

Os bilionários ficam pensando em coisas que eles não podem comprar. "Como assim? Há algo que um bilionário não possa comprar, Renan?" Aham. Pensa no Elon Musk. Ele começou a construir um foguete porque queria ir para Marte. O próximo passo dele vai ser qual? Ele vai achar outra coisa. E, assim, ele segue construindo. Mas ele conseguiria ir para Marte na hora que tomou a decisão de que queria? Não.

Entende por que eu disse que é tão importante saber esses conceitos primeiro? Quem busca independência sem antes construir Segurança Financeira está construindo um castelo de areia – qualquer crise inesperada pode derrubar tudo. E aqueles que perseguem a ilusão da liberdade financeira sem compreender seus limites tornam-se escravos de uma ambição sem fim, estão sempre insatisfeitos, correndo atrás de um próximo objetivo que nunca trará realização genuína. Esse conhecimento é a diferença entre construir uma vida de verdadeira prosperidade e simplesmente acumular números em uma conta bancária.

Então, a partir de agora, busque a sua Produtividade Financeira. Procure ter qualidade de vida enquanto seu dinheiro está trabalhando para você. Em paralelo, busque a sua Segurança Financeira. E, em seguida, a sua Independência Financeira. Mas sem perder de vista o estilo de vida de quem tem Produtividade Financeira. (E vamos tratar disso tudo no método, ok?) Esqueça esse negócio de liberdade financeira. Não queira pisar na bola e trocar as pessoas que você mais ama por uma ilusão, como diz na música, né?

Cinco passos que vão mudar a sua vida

Sinto o maior orgulho – e faço questão de não esconder – sempre que compartilho que o método Produtividade Financeira, mesmo nome da *edtech* que fundei e hoje é a maior escola de Produtividade Financeira do Brasil, já ajudou milhares de pessoas a administrarem melhor seu dinheiro, aprenderem a investir e chegarem a sua Independência Financeira com qualidade de vida. Fazer parte dessa transformação é maravilhoso! E, nesse caminho, posso dizer com segurança que já vi de tudo. Lares restaurados, pais voltarem a falar com filhos, sonhos que pareciam impossíveis sendo realizados... É muita emoção. Estou ansioso para ver o resultado disso tudo na sua vida.

Temos muitos assuntos interessantes para vermos ao longo do livro. Ainda vou compartilhar mais histórias com você, trazer mais insights, levantar mais reflexões, fazer exercícios juntos, testes, tudo para entendermos em que etapa estamos e a qual desejamos chegar. Vou lhe dar um pouco de spoiler dos passos do método.

No primeiro passo – **Quebra de Padrão** –, veremos que o sucesso financeiro começa na mente. Analisaremos a fundo o que você aprendeu sobre dinheiro até hoje e você verá como esses conhecimentos muitas vezes travam a sua Independência Financeira. Você cresceu ouvindo que "dinheiro é sujo", que "todo rico é desonesto" ou que "dinheiro não dá em árvore"? Pois é hora de desmontar essas crenças que estão travando seu potencial. Esse pilar trata de reprogramar seu modelo mental: você vai entender que merece prosperar, que abundância é seu direito, e que a verdadeira Independência Financeira começa no seu interior, antes de chegar no bolso. Ninguém vem ao mundo com manual de milionário – tudo é aprendizado. E o que foi aprendido pode ser desaprendido e substituído por algo melhor. Então, você aprenderá a criar novas experiências financeiras positivas, para elevar seu padrão de vida degrau por degrau.

Em seguida, no segundo passo – **Base Sólida** –, vamos ver como o cerne da produtividade não é controlar cada centavo, e sim gastar com inteligência. O objetivo é aprender a pôr em prática ações simples e eficientes que o ajudarão a organizar suas finanças sem estresse, de um jeito que qualquer um consegue aplicar. Nada de planilhas impossíveis que só dão dor de cabeça. Você vai finalmente entender para onde seu dinheiro está indo, cortar o que for supérfluo e criar um sistema que funcione de verdade. E o melhor: vou mostrar como gastar MAIS (sim, você leu certo), só que com inteligência –

e como transformar seu cartão de crédito de vilão em aliado. Dívidas? Vamos resolver. Impulsos? Vamos controlar. Ferramentas financeiras? Vamos dominar. E não tem desculpa: esse método foi feito para qualquer pessoa, inclusive para quem tem aversão a números e zero tempo sobrando.

No terceiro passo, **Geração de Renda**, é onde a mágica acontece. Não se trata de trabalhar mais e viver menos, e sim de criar fontes inteligentes de ganhos que tragam liberdade em vez de prisão. Vamos falar sobre os três tipos de renda e como você pode aplicá-los no seu dia a dia – seja no seu emprego atual, nas horas vagas ou até enquanto dorme. Seu celular, seu armário, seu dom com artesanato e até seu cartão podem virar fontes de renda extra. O alvo? Chegar ao que eu chamo de "nível transbordo": quando o dinheiro que entra supera suas despesas habituais. Isso não é sonho – é estratégia, e você está prestes a dominá-la.

No penúltimo passo, que se chama **Legado**, o foco está em não se prender a acumular cifras, mas plantar sementes que vão germinar por gerações. Trata-se de transformar seu conhecimento em herança viva, em que cada investimento inteligente se torna uma lição para seus filhos. Nessa etapa, você vai dominar desde os investimentos mais seguros para proteger seu futuro até as estratégias para multiplicar seu patrimônio a longo prazo. Mas o verdadeiro tesouro é ver o dinheiro virando ferramenta para criar tempo, a fim de você ter experiências maravilhosas!

Por fim, o quinto passo: **Qualidade de Vida**. Aqui é onde fechamos o ciclo para você ter Produtividade Financeira, com suas finanças organizadas e o dinheiro trabalhando para você; para a conta toda fechar, é preciso ter qualidade de vida e passar a viver com Produtividade Financeira. Vamos alinhar prosperidade com bem-estar em cada escolha. Você verá que qualidade de vida não é prêmio que lhe espera no final da jornada, é parte do caminho. Todos os outros pilares convergem aqui. Do que adianta construir fortuna se você perdeu sua saúde física e mental no caminho? Este é o segredo que ninguém conta: dinheiro sem alegria é só um número vazio. Aqui você vai aprender que qualidade de vida não tem preço, mas tem método: desde cuidar da saúde até proteger seus relacionamentos mais valiosos. Pois o que mais vejo por aí são pessoas pobres cuja única coisa que têm é dinheiro.

Forte, né? Mas é verdade, eu já vi gente que conquistou tudo na conta bancária, porém perdeu o brilho nos olhos, perdeu saúde, e isso é ser pobre dentro do método Produtividade Financeira. Não vamos deixar isso acontecer com você. O objetivo deste pilar é enriquecer sem perder sua essência, prosperar sem deixar para trás o que realmente importa.

E aí? O que achou? Promissor, não? Sei que, assim como eu, você está ansioso para começar a colocar a mão da massa. Mas há alguns pontos que você precisa saber antes de se jogar com tudo na sua jornada de Independência Financeira.

Não basta "querer" ficar rico

Há questões essenciais quando falamos de Produtividade Financeira.

Uma delas é manter o **foco** ao longo dessa jornada de Independência Financeira. É um desafio que vai muito além de simplesmente seguir uma estratégia. Muitos até começam cheios de energia, mas veem a motivação esfriar no terceiro mês e desistem no quarto. Porém, sabe o que descobri? Isso acontece porque a maioria das pessoas não entende que o foco verdadeiro precisa de alicerces concretos. Não basta querer "ficar rico"; é preciso ter **clareza** absoluta do que isso significa para você, com números e prazos específicos. Quando não temos isso, qualquer vento nos leva para direções erradas.

No entanto, sozinhos, o foco e a clareza não sustentam a jornada. O que realmente vai fazer você seguir em frente é desenvolver um **propósito inabalável**, que funciona em três níveis:

- 1º nível: EU
- 2º nível: NÓS
- 3º nível: TODOS NÓS

O primeiro nível, o "eu", envolve pensar em um propósito no qual você é o centro das coisas, conquistando bens materiais que o realizem. E, acredite, não há nada de errado nisso, muito menos vergonha! Não tem nada a ver com egoísmo. Tem a ver com se realizar com coisas que fazem sentido para você. Muitos tentam pular direto para ajudar o mundo sem antes resolver a própria vida, e acabam fracassando.

Contudo, há um equilíbrio crucial aqui: ficar preso apenas no "eu" é tão limitante quanto tentar pular etapas. Conforme se vai conquistando as metas pessoais, naturalmente o propósito evolui para o "nós", que envolve querer proporcionar mais conforto e qualidade de vida para as pessoas que você ama.

Depois de realizar esse propósito, vem o "todos nós". Esse nível envolve um propósito em que você busca algo que impacte positivamente mais pessoas e, por que não, o mundo. O segredo está nessa progressão orgânica.

Além de foco, clareza e propósito inabalável, é preciso comemorar toda e qualquer vitória. Isso mesmo, entender que cada pequeno avanço merece celebração. Quando você percebe que entre o zero e o milhão de reais existem 999.999 reais, fica claro por que tantos desistem no caminho. Então, ao longo da jornada, comemore cada conquista, por menor que seja – o primeiro investimento, a primeira dívida quitada... Essas vitórias geram dopamina para alimentar a sua persistência.

O que muitas pessoas não percebem é que essa caminhada não é linear. Nos meus primeiros anos como investidor, várias vezes pensei em desistir quando os resultados demoravam a aparecer. Mas foi justamente manter os pequenos rituais de celebração e sempre revisitar o meu propósito que me manteve nos trilhos. Quando você documenta e reconhece seu progresso, cria um círculo virtuoso de motivação.

Já que falamos em documentar, vou lhe apresentar uma ferramenta mais que necessária que vai acompanhar você nessa jornada: um passaporte.

Passaporte da Independência Financeira

Quando penso em viver da renda dos meus investimentos, sei que parece um sonho distante, mas quero lhe mostrar que é mais alcançável do que você imagina. No começo, eu também tinha muitas dúvidas sobre quanto tempo levaria e qual o valor exato de que precisaria. Mas descobri que não existe um número mágico igual para todo mundo – tudo depende do seu padrão de vida atual e dos seus planos para o futuro.

Por isso, vou lhe ensinar agora como calcular o valor da sua Independência Financeira. Vamos lá:

- **Primeiro passo:** anote quanto você gasta por mês para manter seu padrão de vida. Aqui entra quanto você gasta hoje, não quanto gostaria de gastar.
- **Segundo passo:** use a fórmula da Independência Financeira. Pegue esse valor gasto mensalmente para manter seu padrão de vida e multiplique por 12 para saber qual é o seu gasto anual. Em seguida, divida pela rentabilidade anual dos seus investimentos. Se você ainda não investe ou não sabe qual a rentabilidade anual dos seus investimentos, pode usar 12% como base, pois é a rentabilidade média que meus alunos que estão começando conseguem – mas não se preocupe, ainda vou lhe ensinar a dar os primeiros passos no mundo dos investimentos. O importante agora é já ter o seu número de Independência Financeira inicial.

Então, resumindo:

$$\textbf{Independência Financeira} = \frac{\text{Padrão de vida mensal} \times \text{12 meses}}{\text{Rentabilidade anual dos seus investimentos}}$$

No meu caso, quando fiz isso pela primeira vez, o meu padrão de vida mensal era de 5 mil reais. Na época, considerei 12% de rentabilidade anual dos meus investimentos como uma estimativa segura. Fazendo as contas: 5 mil reais × 12 = 60 mil reais de padrão de vida por ano. Dividindo isso por 0,12 (que são os 12%), cheguei a 500 mil reais.

Esse era o meu número! Quando eu tivesse 500 mil reais investidos, gerando 12% ao ano, eu teria minha Independência Financeira para o padrão de vida daquele momento.

Nesse primeiro momento, não se preocupe com inflação nem com qual investimento dá essa rentabilidade, nem com qualquer outra coisa que não seja o que acabei de apresentar. Vai ter o momento certo para pensarmos e criarmos estratégias sobre isso. Lembre-se de que aqui é só o início da sua jornada e, se você pensar em tudo agora, pode até travar.

Imagine o seguinte: você está dentro do seu carro, em uma pista escura, e não consegue enxergar nada na frente, nada do lado nem atrás, não há iluminação alguma na estrada. A única luz que você tem é a do farol do seu carro, iluminando vinte metros adiante. É só disso que você precisa para continuar sua jornada. Se você estiver sempre em movimento, sempre verá os próximos vinte metros, e depois mais vinte metros e por aí vai. Se você já conseguisse ver toda a pista e enxergasse que é esburacada e perigosa, ou seja, se logo no início da sua jornada visse o que não precisa ver, o que aconteceria? Pois é, talvez desistisse logo de cara.

Então, sempre foque os seus próximos vinte metros enquanto estiver aqui na sua jornada de Independência Financeira, combinado? Confie no processo!

- **Terceiro passo:** escreva o seu Passaporte da Independência Financeira. O segredo é transformar esse cálculo em algo concreto.

Na época, eu escrevi esse objetivo em um papel, como se fosse uma declaração, e o chamei de passaporte, porque sabia que isso me permitiria entrar em um lugar ao qual eu ainda não tinha acesso, mas que queria muito: a minha Independência Financeira.

Coloquei a data em que queria alcançar esse marco e assinei, como um compromisso comigo mesmo. E sabe o que aconteceu? Consegui antes do previsto! Em 2016, eu tinha colocado como meta 2021 e, "do nada", em 2018, já estava lá. Chamo isso de efeito "do nada", porque, quando você faz as coisas seguindo um método e dedicação, vai atingir seus resultados de uma maneira muito mais rápida, certo? Só que muitas pessoas apenas vão ver quando você chegar lá e, por isso, dirão que foi "do nada". Já vai se acostumando, pois, seguindo tudo o que vou ensinar neste livro, você vai ter muitos efeitos "do nada".

O mais importante é começar com o seu padrão atual, não com um sonho distante. Quando você atinge essa primeira Independência Financeira, aí sim pode ir aumentando seu nível. No meu caso, depois dos 5 mil reais, fui buscando patamares maiores. Mas a sensação de ter essa primeira conquista foi incrível!

Acredite: escrever esse passaporte faz toda a diferença. Quando você coloca a meta no papel, deixa de ser só uma ideia e vira um compromisso. E o mais legal é que, depois que você atinge a meta, tudo fica mais fácil. Você ganha confiança, entende como funciona, e os próximos patamares vêm naturalmente (ou melhor, eles vêm "do nada").

Por isso, eu o incentivo a fazer o mesmo. A seguir, há um modelo de passaporte com as orientações de como escrever o seu e o seu passaporte em branco, para que você escreva de próprio punho, seguindo o modelo. Não precisa ser perfeito, fazer letra bonita, nem nada: o importante é materializar seu plano. Eu fiz assim, já ensinei milhares de alunos e deu certo – e tenho certeza de que vai funcionar para você também!

Depois que preencher o seu passaporte, mantenha-o com você, como se faz quando se viaja para fora do país, e leia todos os dias até não precisar mais ler para lembrar. Esse é o seu documento de compromisso entre você e sua nova vida de Produtividade Financeira.

Modelo de Passaporte da Independência Financeira

No dia [dia] de [mês] de [ano], terei em meu poder o equivalente a R$ [valor desejado da Independência Financeira], que chegarão até mim em quantias variadas, de tempos em tempos, até essa data.

Em troca desse dinheiro, oferecerei os serviços mais eficientes, em maior quantidade e de melhor qualidade de que sou capaz, no ramo [colocar o ramo de atuação] [descrever o serviço ou produto que pretende vender].

Acredito que terei esse dinheiro em meu poder. Minha fé é tão forte que consigo vê-lo diante dos meus olhos. Posso tocá-lo com as minhas mãos. O dinheiro está aguardando para ser transferido para mim, no tempo e à medida que eu entregar o serviço que pretendo prestar em troca. Aguardo um plano para fazer esse dinheiro. Assim que tiver esse plano, vou segui-lo.

____

Local, dia, mês, ano e hora

____

Assinatura

Passaporte da Independência Financeira

....

....

....

....

....

....

....

....

....

....

....

....

....

....

....

....

....

....

....

Local, dia, mês, ano e hora

Assinatura

Agora, sim, estamos prontos para seguir! Aproveite e faça um brinde. Isso mesmo, comemore desde já a conquista de estar pronto para iniciar o método. Aliás, daqui para a frente, teremos muitos e muitos brindes. Já vai se acostumando!

Inclusive, esse lance do brinde tem tudo a ver com programação neurolinguística, sabia? Ele cria um gatilho mental poderoso – seu cérebro entende que aquilo é uma celebração, um marco importante. Então, ele registra: "Isso foi bom"; "Quero repetir essa sensação"; "Vou atrás de mais conquistas como essa". É assim que se cria um círculo virtuoso:

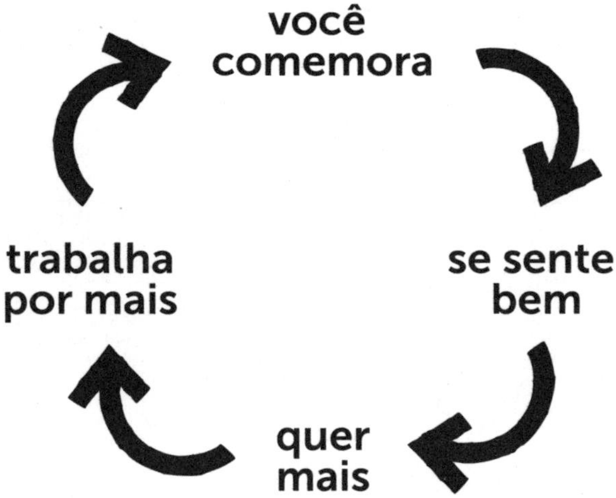

O brinde vai ajudar você a ver a Independência Financeira não como um sacrifício, mas como consequência natural do processo.

Então, pegue o seu melhor copo ou a melhor taça e brinde o início da sua jornada de Independência Financeira. Saboreie este momento e saiba que terão muitos outros até chegarmos à última página.

Passaporte em mãos, certo? Ótimo! Encontro você no próximo capítulo.

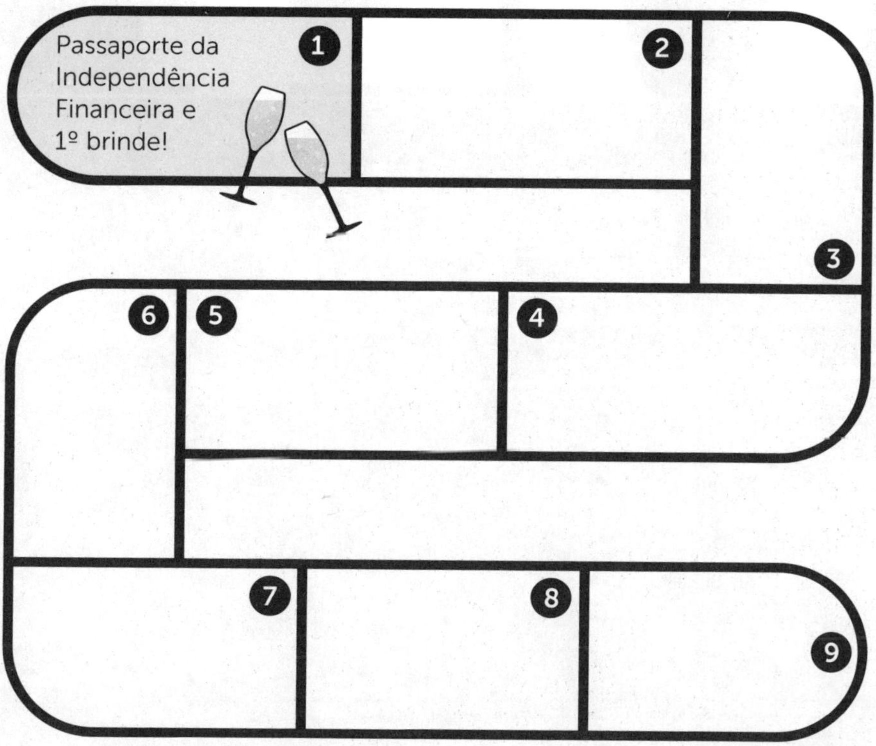
Passaporte da
Independência
Financeira e
1º brinde!
1
2
3
4
5
6
7
8
9

04

QUEBRA DE PADRÃO

> “A única coisa que nos impede de conseguir o que queremos é a história que contamos a nós mesmos.”
>
> TONY ROBBINS[32]

Fazia calor naquele dia no Rio de Janeiro. O sol ardia na pele enquanto eu esperava o ônibus com a Jaqueline, ainda minha namorada, para irmos ao Norte Shopping. Ela segurava o dinheiro da passagem, e eu... Bem, enfiava as mãos nos meus bolsos vazios.

O ônibus chegou, e entramos nele. Na época, o trocador (ou cobrador) era quem recebia o valor das passagens. Perguntei a ele, tentando a sorte: “Dá para passar junto?”.

O movimento era simples: eu abraçava a Jaque e passávamos juntos na roleta, assim pagávamos só uma passagem. Já havíamos feito aquilo algumas vezes (mais do que eu gostaria, confesso), e sempre dava certo. Mas, naquele dia, o trocador balançou a cabeça.

“Não dá, garoto. A câmera pega.”

Caramba, e agora?, pensei. Já ia desistir quando ele apontou para baixo da roleta: “Mas se quiser arriscar... embaixo a câmera não pega”.

Não pensei duas vezes. A Jaqueline pagou a passagem dela e passou pela roleta, e eu me enfiei por baixo. Só que, então, no meio do movimento, já tocando o chão do ônibus, atentei para minha bermuda branca. *Putz.*

---

[32] ROBBINS, T. **Desperte o seu gigante interior**: como assumir o controle de tudo em sua vida. Rio de Janeiro: BestSeller, 2017.

Dito e feito. Do outro lado, ao me levantar, percebi que havia me sujado todo. O constrangimento apertou minha garganta. Imagina, uma bermuda limpinha, que foi arrastada no chão de um ônibus que Deus sabe quando viu a última limpeza.

Naquele instante, algo dentro de mim estalou.

Decidi que nunca mais passaria por baixo de roletas, literal ou figurativamente.

"Basta!"

Hoje, quando conto essa história em minhas palestras, sempre pergunto: "Quantas vezes você tem passado por baixo das roletas da vida?". Aquela bermuda suja foi para o lixo, mas a lição ficou: merecemos entrar pela porta da frente, sem pular ou passar por baixo de roletas, e só nós podemos construir essa porta.

É preciso aprender a ser rico

Sabe quando comecei de fato a construir essa tal porta? Quando entendi de vez que dinheiro é emocional, e a nossa mente pode ser uma grande aliada ou vilã. Acredite: se você não assumir o controle das próprias emoções, elas vão ditar o seu futuro financeiro. Por isso que o primeiro passo dentro da sua jornada de Independência Financeira é a quebra de padrões mentais.

"Ah, Renan... Mas o que isso tem a ver? Sei não..." Olha, já fui essa pessoa cética, o cara que achava que números bastavam, até perceber que minha conta bancária refletia minhas crenças, não meu diploma.

Então, para criar uma mente dirigida para a Produtividade Financeira, é necessário, sim, mudar o seu modelo mental. Apenas desse modo você terá pensamentos e, como consequência, atitudes que o levarão rumo à sua Independência Financeira. O seu modelo mental determina o seu sucesso ou fracasso financeiro.

Por isso podemos dizer que:

Sucesso financeiro = pensamentos + atitudes

A nossa relação com o dinheiro não vem do nada. Ela é moldada por tudo o que vivenciamos, principalmente na infância. Se crescemos ouvindo que "rico é desonesto" ou que "investir é arriscado demais", carregamos esses princípios sem perceber.

Pense bem: em geral, nossos pais não têm educação financeira. Inclusive, já vimos que não estamos bem nesse quesito. Então, sem (ou com pouca) educação financeira, o que acontece? Aprendemos pelo método de repetição de padrão – aquilo que para os nossos avós era o melhor, e, por isso, eles passaram para os nossos pais, que, por sua vez, nos passaram pensando também ser o melhor. E por aí vai. Seguindo esse padrão, a sua vida financeira será bem semelhante à dos seus pais e, consequentemente, você fez ou fará o mesmo com os seus filhos. É isso o que deseja para os seus filhos e netos? Perpetuar pensamentos que limitam alcançar a Independência Financeira?

Ainda bem que em finanças não existe o famoso "eu nasci assim, eu cresci assim, e sou mesmo assim, vou ser sempre assim", como ouvimos em "Modinha para Gabriela", de Dorival Caymmi.[33] Esqueça isso. Ninguém nasce rico ou pobre, nós aprendemos a ser. Então, já pode descartar esse padrão de "nasceu de um jeito vai morrer desse jeito". A real é que você pode rescrever sua história. E não apenas a sua.

Quando quebrei esses padrões, não só a minha vida mudou, como também a do meu pai, a dos meus irmãos e até dos meus tios e primos. Eles começaram a enxergar novas possibilidades. Isso me mostrou que o verdadeiro legado não está em repetir o passado, e sim em criar um novo caminho.

---

[33] MODINHA para Gabriela. Gal Costa In: GABRIELA — Trilha Sonora Original. Rio de Janeiro: Som Livre, 1975.

NINGUÉM NASCE RICO OU POBRE, NÓS APRENDEMOS A SER.

Produtividade financeira
@renandiegooficial

Então, se você está insatisfeito com sua condição atual, pergunte-se: "Que crenças invisíveis estão me segurando?". A bermuda que sujei foi o meu alerta, o dia do meu "basta", mas a mudança real começou quando entendi que idade mental precisava ser mudada, de modo que eu assumisse a verdade de que merecia muito mais do que passar por baixo de uma roleta.

Ciclo da Realidade Financeira

Em geral, as pessoas estão ou no ciclo de frustração, ou no de sobrevivência.

O ciclo da frustração é aquele no qual a pessoa se sente presa a padrões negativos, com dificuldade de progredir financeira e pessoalmente. Ela não tem clareza do que quer, sente inveja ou insatisfação constante, e corre o risco de perder o que já conquistou.

Já o ciclo da sobrevivência é um estágio intermediário em que a pessoa mantém o básico, sem grandes crises, mas também sem crescimento significativo. Há uma tendência a ficar na zona de conforto, focando em apenas "sobreviver" no dia a dia, sem planejamento para chegar à Independência Financeira e prosperar. Ou seja, enquanto o *ciclo da frustração* é marcado por retrocessos e urgência de mudança, o *ciclo da sobrevivência* é uma estabilidade frágil que exige proatividade para evoluir. Ambos demandam mudanças, mas o primeiro requer correções imediatas, e o segundo, planejamento estratégico. Percebe como esses dois ciclos diagnosticam o problema?

Agora, vamos entender o ciclo que deve ser o nosso alvo: o da *abundância*.

Uma pessoa próspera vive com qualidade de vida, usando o crédito com consciência, poupando e investindo com objetivos claros. Mas a verdadeira prosperidade vai além do acúmulo de riqueza – ela exige a expansão diária da zona de conforto e o desafio constante de se tornar melhor. Esse, aliás, é o espírito da #BoraEvoluir que eu uso bastante tanto na internet quanto no dia a dia da empresa.

Quem está nesse ciclo dedica tempo à organização, investe em educação e busca formas de ganhar mais tempo e dinheiro. Como resultado, suas condições melhoram naturalmente: promoções e aumentos salariais tornam-se frequentes, porque você compreende que **educação + qualidade**

de vida = crescimento na carreira. O ciclo da abundância se alimenta dos próprios resultados – cada conquista gera combustível para a próxima. Quem prospera não se acomoda; deseja novos desafios, vive em constante evolução, nunca no piloto automático.

Mas esse movimento externo só se sustenta quando há uma transformação interna. Afinal, não adianta fazer como os prósperos se você não pensa e sente como eles. É aí que entra o *ciclo da realidade financeira* – o reflexo do seu mundo interno, que determina o que você atrai.

Tudo começa na forma como você enxerga a realidade. Nós não vemos o mundo como ele é, mas como nós somos. Há uma frase atribuída a Henry Ford que resume isso perfeitamente: “Se você acredita que pode ou que não pode, em ambos os casos, estará certo”. Ou seja, suas crenças moldam sua realidade.

De modo mais claro, funciona assim: no ciclo da realidade financeira, tudo começa no seu mundo. No seu mundo, você vê. O que você vê, você cria. O que você cria, você é. E o que você é, você faz. E, se você faz, você tem. E, quanto mais você tem, mais você vê, cria, é, faz e tem. Ficou confuso? Uma ajudinha:

A questão é que muita gente almeja grandes conquistas sem preparar o seu ser. A maioria quer ter muito dinheiro sem antes ter a riqueza dentro de si. São os pobres que têm apenas dinheiro, sobre os quais comentei. Já parou para pensar em por que alguns ganham milhões de reais na loteria e, depois de um tempo, perdem tudo? É porque eles **não eram** milionários, só começaram a **ter** coisas que milionários têm. Nunca fizeram o que os milionários fazem para terem o que têm. Então, eles vão perder. E isso acontece a todo momento.

O principal aqui é que o contrário também é verdade. Se você começar a ser, fazer e ter, isto é, preparando-se para a verdade de que dinheiro é algo bom, se passar a enxergar o dinheiro como aliado, isso se tornará sua verdade. Se é sua verdade, você se transforma em uma pessoa que atrai riqueza. Essa nova identidade o fará agir como quem prospera: você buscará oportunidades, investirá, aceitará desafios. A consequência? Ganhará mais, viverá melhor, realizará sonhos, ajudará quem ama.

É o ciclo da abundância em ação! Quanto mais você *tem*, mais você *enxerga* possibilidades, mais você *cria*, mais você *se torna*, mais você *faz*... e o loop se alimenta! Parece mágica, mas é lógica pura: seu mundo externo é reflexo do seu mundo interno.

Agora, pense por um instante: seu "mundo" está levando você para o ciclo da frustração, da sobrevivência ou da abundância? Porque tudo – tudo mesmo – começa na forma como você enxerga as situações. Quer mudar sua realidade financeira? Comece abraçando essa responsabilidade. Ninguém vai fazer isso por você!

Quem manda na sua vida financeira é você

Como acabamos de ver, a sua vida financeira é um reflexo das suas escolhas, do que você vê e cria no seu mundo. Ou seja, não importa se o cenário econômico está difícil, se o governo aumentou os impostos ou se seu chefe não o valoriza – enquanto você culpar fatores externos, estará abrindo mão do seu poder de mudança.

A autorresponsabilidade não é carregar um fardo de culpa, e sim assumir as rédeas da vida. Quantas vezes você já disse frases como "Não consigo guardar dinheiro porque tudo está caro" ou "Se o meu salário fosse maior, eu conseguiria investir"? Esses pensamentos são travas (das quais vamos falar a fundo já, já) que mantêm você preso em um ciclo de frustração. A transformação se instala quando você troca os *ses* e os *porquês*, por "O que eu posso fazer diferente?".

Repare: não se trata de ignorar as dificuldades, mas de focar o que está sob seu controle. Se você se molhou em um dia de chuva, a questão não é a chuva em si, mas a sua decisão de não levar um guarda-chuva. Da mesma forma, se está insatisfeito com seu salário, em vez de culpar a empresa, pergunte-se: "Que habilidades *eu* posso desenvolver para ganhar mais? E para me destacar?" (falarei mais sobre isso no Capítulo 6).

Muitos confundem responsabilidade com culpa, mas há uma diferença crucial. Culpa é olhar para trás com arrependimento; responsabilidade é olhar para a frente com ação. Quando algo dá errado, o autorresponsável não perde tempo procurando culpados – ele analisa o que aprendeu e como pode melhorar. E, quando algo dá certo, ele também reconhece: "Fui eu quem fez acontecer".

Esse pequeno ajuste mental abre portas. Ao parar de delegar poder aos outros – seja ao governo, seja ao chefe, ou à "sorte" –, você percebe que a verdadeira Independência Financeira nasce da capacidade de responder por si mesmo. E sabe o que é interessante? Quando você começa a praticar essa tomada de consciência com dinheiro, acaba levando para outras áreas da vida. Hoje, antes de reclamar de qualquer coisa, eu me pergunto: "Qual é a *minha* parte nisso?". E aí, ou eu mudo minha atitude, ou mudo de situação – mas não fico parado esperando que os outros mudem por mim.

Lembre-se: ninguém nasce bom ou ruim com dinheiro. Aprendemos a ser prósperos ou limitados. E essa aprendizagem precisa começar com uma decisão sua. Vamos lá, repita comigo: **"A partir de hoje, eu assumo a responsabilidade pela minha Independência Financeira"**. Sério, fale em voz alta. Anotar em um caderno ou em uma agenda também faz diferença.

Bem, agora que assumiu a responsabilidade pelos seus atos e pela sua condição atual, você está pronto para identificar quais crenças limitantes, o que chamo de "travas financeiras", precisam ser transformadas na sua relação com o dinheiro.

Travas financeiras e impulsionadores financeiros

"Pegou em dinheiro? Limpa a mão, dinheiro é sujo."

"Tá achando que dinheiro nasce em árvore?"

"Rico é tudo ganancioso, por isso prefiro ser pobre, mas honesto."

Reconhece essas frases? Elas são verdadeiras âncoras que paralisam sua vida financeira. Vamos mudar essa mentalidade a partir de agora!

Por que a gente repete essas ideias como se fossem verdades absolutas? Tudo está ligado às crenças que absorvemos como lei desde crianças. É a programação mental originada do que vemos, ouvimos e, sobretudo, do significado que damos a cada experiência. Imagine uma criança que levou uma bronca por pegar dinheiro do chão. Aí escuta: "Tira a mão daí, dinheiro é sujo!". Pronto, criou-se uma associação. Claro, a nota no chão não está limpa, mas seria algo facilmente resolvido com água e sabão ou mesmo um álcool em gel. A questão é quando essa ideia fica gravada no inconsciente da criança.

Nesse caso, ela cresce achando que dinheiro é ruim, é sujo. E quem vai querer algo sujo? Aí, mesmo ganhando bem, o salário some todo mês. "Para onde vai o meu dinheiro?", essa pessoa se pergunta. Conhece alguém assim? O problema não está no dinheiro, está nas crenças que sabotam cada decisão e que agora viraram verdadeiras travas financeiras.

O lado bom é que, se é possível aprender a pensar assim, também é possível desaprender e aprender o jeito certo. Ufa!

Esse tipo de crença se divide em dois tipos: as *travas financeiras* e os *impulsionadores financeiros*.

A primeira, as travas financeiras, são aquelas vozes na cabeça que fazem você perder dinheiro ou nunca ter o suficiente. Elas inconscientemente criam comportamentos que só levam à frustração.

Já os impulsionadores são os pensamentos que o empurram para a sua Independência Financeira. São eles que fazem mais dinheiro entrar, multiplicar e, o mais importante, ser aproveitado com sabedoria.

Agora imagine uma corda de cabo de guerra. De um lado, as travas puxando você para o fracasso. Do outro, os impulsionadores levando-o para a sua Independência Financeira. Se os dois lados estiverem iguais, o que

O PROBLEMA NÃO ESTÁ NO DINHEIRO, ESTÁ NAS CRENÇAS QUE SABOTAM CADA DECISÃO E QUE AGORA VIRARAM VERDADEIRAS TRAVAS FINANCEIRAS.

Produtividade financeira
@renandiegooficial

acontece? Você fica no meio. Nem prospera, nem afunda. Vive na mediocridade, normalmente no ciclo da sobrevivência. Agora, se as travas forem mais fortes? O fracasso vence e você fica no ciclo da frustração. Mas, se os impulsionadores dominarem, é sucesso na certa, pois você estará no ciclo da abundância; é só uma questão de continuar seguindo sua jornada, que a Independência Financeira chegará.

Você é o único que pode decidir qual lado fortalecer. Vou lhe ensinar um exercício para arrancar essas travas pela raiz e turbinar seus impulsionadores. Afinal, como vimos, quem manda na sua vida financeira é você. Bora mudar esse jogo e continuar seguindo na sua jornada de Independência Financeira?

Reprogramação mental

Este exercício é como uma cirurgia nas crenças – vai extrair o que está limitando você e costurar novas ideias que impulsionam. Primeiro, vou explicar como ele funciona.

A primeira parte é simples, mas reveladora: você vai dar notas de 1 a 10 para cada uma das frases que estão na ferramenta. São aquelas que a gente ouve desde criança, como "dinheiro não traz felicidade" ou "rico é tudo ganancioso".

Se concordar com a frase, dê nota 10. Se achar um absurdo, marque 1. E se sentir que é mais ou menos, dê notas entre 1 e 10, levando em consideração o que for mais forte para você: se for concordar mais que discordar, coloque 5 para cima; se discordar mais que concordar, coloque 4 para baixo.

O legal é que você descobrirá quais travas financeiras ainda moram no seu subconsciente – aquelas que nem percebe, mas que comandam suas decisões. Mas seja brutalmente honesto consigo mesmo, combinado? Dê as notas na parte esquerda do quadro a seguir.

Feito isso, chegamos na parte transformadora, a reprogramação mental: pegue cada uma dessas travas financeiras que são frases terríveis e as vire do avesso, transformando-as em impulsionadores financeiros.

"Dinheiro é sujo" vira "Dinheiro é energia que me permite ajudar quem amo".

"Investir é complicado" vira "Investir é tão simples quanto mandar uma mensagem no WhatsApp".

ANÁLISE E REPROGRAMAÇÃO DE TRAVAS FINANCEIRAS

NOTA	AFIRMAÇÃO	REPROGRAMAÇÃO
	Dinheiro não é tão importante.	
	Dinheiro é a raiz de todo mal.	
	Se eu ficar rico, todos vão querer algo de mim.	
	Mulheres nunca deveriam ganhar mais do que seus parceiros.	
	Ter muito dinheiro fará com que eu me sinta menos puro ou espiritual.	
	Segurança financeira vem de um bom emprego.	
	Para ter muito dinheiro, eu preciso fazer algo ruim ou desonesto.	
	Pessoas como eu nunca enriquecem.	
	Para ganhar muito dinheiro, você tem de trabalhar duro.	
	Ficar rico é uma questão de sorte.	
	Pessoas ricas são gananciosas e arrogantes.	

NOTA	AFIRMAÇÃO	REPROGRAMAÇÃO
	O esforço para ficar rico não me dará tempo livre para mais nada.	
	É mais digno ser pobre do que ser rico.	
	Não é seguro ter muito dinheiro.	
	Eu não sou bom em lidar com dinheiro.	
	Para mim, não é certo que eu ganhe mais dinheiro que meus pais e meus irmãos.	
	Eu sou um fracasso financeiro.	
	Eu nunca consigo o que quero financeiramente.	
	Se eu tenho muito dinheiro, significa que alguém tem menos.	
	Na verdade, eu não quero ser rico.	
	Eu nunca serei rico, é algo muito distante da minha realidade.	
	Dinheiro não é tão importante assim.	

NOTA	AFIRMAÇÃO	REPROGRAMAÇÃO
	Dinheiro traz muitos problemas.	
	É preciso ter dinheiro para ganhar dinheiro.	
	Já tenho mais do que mereço, eu não mereço ser rico.	
	Eu só preciso de dinheiro para ter uma vida confortável.	
	Não tive uma boa educação para poder ficar rico.	
	Para as mulheres, é muito mais difícil enriquecer.	
	Não tenho tempo para cuidar de dinheiro.	
	Não preciso cuidar do meu dinheiro, porque não tenho quase nada.	
	Se você não nascer rico, provavelmente nunca será rico.	
	Sou muito ocupado para separar tanto tempo e energia para aprender.	
	Se eu ficar rico, ótimo; se não ficar, tudo bem também.	

NOTA	AFIRMAÇÃO	REPROGRAMAÇÃO
	Já estou bem, não preciso me esforçar mais.	
	Se você for rico em amor, saúde e felicidade, não precisará de dinheiro.	
	Não vou juntar muito dinheiro porque não sei se estarei vivo amanhã.	
	Sou pobre, mas sou honesto.	
	O mundo dos investimentos é complicado e difícil de entender.	
	Investimentos são para pessoas que têm muito dinheiro.	
	Eu não posso. Tá pensando que a vida é fácil?	
	Sou muito novo/muito velho para aprender a multiplicar o meu dinheiro.	

Isso não é autoajuda – é reprogramação mental na prática. É uma mudança de mindset. E sabe o que essa palavra significa?

Mind = Mente.

Set = Configuração.

Não é isso que estamos fazendo? Configurando sua mente para a sua Independência Financeira?

Escreva as frases reprogramadas, todos os dias, principalmente as que receberam nota 5 ou mais, por pelo menos uma semana. Essa prática vai instalar um novo impulso em você, uma força interna que fará com que você se liberte dessas travas financeiras. Essas novas afirmações servirão de gatilhos mentais para impulsionar sua Produtividade Financeira todos os dias e, por consequência, vão lhe ajudar ao longo da sua jornada de Independência Financeira.

Agora, se você busca resultados mais rápidos e profundos, intensifique o processo. Selecione todas as afirmações que tiveram nota acima de 1 e reescreva a versão reprogramada de cada uma delas entre trinta e cinquenta vezes. Você pode distribuir essa atividade ao longo de uma semana, fazendo três sessões diárias – pela manhã, à tarde e à noite, por exemplo. Mas atenção: esse é um método avançado para quem está realmente comprometido em acelerar a transformação financeira. Se neste momento isso parecer excessivo, comece pelo básico: uma vez ao dia, durante sete dias, trabalhando apenas as afirmações com nota 5 ou superior. Você pode evoluir para as demais conforme for se sentindo confortável.

O seu cérebro, com o tempo, começa a acreditar nessas crenças positivas, que se tornarão verdadeiros impulsionadores financeiros. O segredo? Repetição. É como aprender a dirigir: no início, você pensa em cada movimento, até que um dia se torna automático. Quando aquela velha crença aparecer ("Ah, mas gente como a gente não fica rica"), você já vai ter o antídoto na ponta da língua. Parece trabalhoso, mas pense: quantos anos você já perdeu acreditando em mentiras que o deixaram estagnado?

Assim como ninguém desenvolve músculos apenas assistindo a vídeos de exercícios, ninguém transforma sua mentalidade financeira sem prática consistente. Seu cérebro é como um músculo que precisa de treino diário. Quanto mais você o exercitar com pensamentos prósperos, mais abundante ele se tornará, só então você terá um grande aliado na jornada rumo à Independência Financeira.

Nada que vale a pena vem fácil. Se fosse fácil enriquecer, todo mundo estaria nadando em dinheiro. Mas é simples, basta seguir a jornada que está sendo apresentada ao longo deste livro. Ah, lembre-se de que você não é todo mundo, pois você é quem decidiu fazer diferente para ter resultados diferentes. Então, leve esse exercício a sério, faça no seu ritmo, mas faça. Daqui a alguns meses, quando olhar para trás, vai ver que essa foi a virada de chave.

Vou lhe dar uma ajuda, com alguns exemplos de impulsionadores financeiros. Mas recomendo fortemente que você crie os seus no exercício anterior.

- Eu sempre realizo meus sonhos.
- Eu administro muito bem o meu dinheiro.
- Dinheiro pode nos ajudar a superar momentos difíceis.
- Com dinheiro em abundância, eu posso dar o melhor para mim, para minha família e ajudar os outros.
- Dinheiro fornece oportunidades de crescimento.
- Pessoas ricas são generosas.
- Riqueza e bondade andam juntas.
- Eu estou no total controle da minha vida financeira.
- Eu sou um sucesso financeiro.
- Eu mereço ser rico.
- Eu tenho tudo o que preciso para construir uma vida financeira abundante e próspera.
- Dinheiro vai para pessoas que aprendem a cuidar dele.
- Eu crio a minha vida. Eu crio a quantidade exata do meu sucesso financeiro.
- Meu dinheiro trabalha duro para mim e faz cada vez mais dinheiro.
- Segurança financeira pode ser alcançada de muitas formas.
- Eu admiro pessoas ricas e bem-sucedidas.
- Oportunidades lucrativas sempre aparecem em meu caminho.
- Pessoas ricas desfrutam da vida.
- Eu sempre me pago primeiro.
- Minha capacidade de fazer, manter e aumentar dinheiro expande todos os dias.
- Dinheiro é muito importante na minha vida.
- Eu mereço ter mais do que o suficiente na minha vida.
- A riqueza de uma pessoa pode ajudar outros que estão em desvantagem.
- Eu confio em mim mesmo para cuidar do meu dinheiro.
- Tenho mais dinheiro do que o suficiente, então, posso ter mais escolhas.
- Eu fico rico fazendo aquilo de que gosto.
- Eu sou verdadeiramente grato por todo o dinheiro que tenho agora.
- Eu sou inteligente o suficiente para ganhar muito dinheiro.

- Dinheiro só traz o bem para minha vida.
- Eu ajudo outras pessoas a terem tranquilidade porque tenho dinheiro.
- Eu posso ser rico de dinheiro, saúde, amor e felicidade ao mesmo tempo.

Importante: seus impulsionadores são como sementes. Plante todos os dias e colherá uma mente de abundância.

Você merece!

Elevando o seu nível de merecimento

Você já reparou como a mentalidade de escassez se esconde nos pequenos gestos? Ficar vigiando a bandeja de salgadinhos em festas, escolher sempre o prato mais barato no cardápio (mesmo com vontade de outro) ou até aquele desconforto em comprar uma simples água mineral... São *sinais silenciosos* de uma crença enraizada: a de que *não há o suficiente* – e, pior, de que *você não merece o suficiente*. O motivo dessa sensação de escassez não é só por causa de dinheiro: é um reflexo do seu valor próprio. E aqui está a virada: abundância começa quando você entende que merece prosperar tanto quanto qualquer outra pessoa. Não por sorte, não por acaso, mas *por direito*. Você não só pode como *deve* ter os mesmos direitos dos ricos.

Se sua mente ainda duvida disso, vamos falar sobre como elevar o seu nível de merecimento – porque nenhuma quantia na conta bancária vai se sustentar se, lá no fundo, você acha que "isso não é para você".

Mas, antes, quero lhe contar uma história do dia que me fez acreditar que eu merecia mais, muito mais.

Os mesmos direitos dos ricos

Eu era estagiário de engenharia, ganhando uma bolsa de 632 reais por mês. A Jaqueline já trabalhava como técnica em mecânica e ganhava um pouco mais; ainda assim, a gente vivia no aperto. Só que eu sempre fui um cara que acreditou em criar momentos marcantes, sabe? E decidi que ia pedir a Jaque em casamento de um jeito inesquecível. Daqueles que vamos nos orgulhar de contar no futuro para os nossos filhos e netos.

Pensei: *Qual é o lugar mais icônico do Rio de Janeiro? O Copacabana Palace.*

Só havia um problema: eu não tinha dinheiro para isso. Mas eu era poupador (lembra?), então juntei cada centavo e decidi me permitir. Pensei em alugar um carro para não chegar lá de Celta, que era o meu carro da época, porém o dinheiro não dava; comprei um blazer (minha primeira peça de roupa "de gente grande") e marquei o jantar.

Chegando lá, quase entrei em pânico. O lugar era outro mundo – gente chique, talheres até então desconhecidos, e o garçom falando de vinho como se eu fosse um expert. Só conseguia pensar: *Renan, o que você tá fazendo aqui?* Eu estava muito desconfortável, totalmente fora da minha zona de conforto. Mas firmei o pé e segui no plano.

Eu tinha combinado com os garçons: quando chegasse a sobremesa, eles trariam a aliança em uma bandeja de prata. Queria que o pianista tocasse "Como é grande o meu amor por você", do Roberto Carlos, para deixar o momento perfeito. Fui lá, todo educado, e o músico me olhou com cara de "Nossa, que brega". E disse: "Eu só toco música clássica".

Quase morri. Mas expliquei que era para pedir minha namorada em casamento, e ele deu uma aliviada: "Vou ver o que consigo".

E isso tudo era surpresa para a Jaque.

Na hora da sobremesa, eu estava tão nervoso que, quando abri a bandeja e peguei a aliança, comecei a chorar igual criança. A Jaque também. E, do nada, o pianista começou a tocar a música que eu havia pedido. Foi um dos momentos mais emocionantes e especiais que já vivi. Até os outros clientes pararam para olhar e bater palma.

Naquele dia, entendi que merecimento não tem a ver com quanto você tem no banco, mas com a coragem de viver algo maior. Aquele jantar custou uma boa grana, mas valeu o investimento.

Depois disso, passei a acreditar que, se eu quisesse algo, era capaz de conquistar – não por sorte, mas por direito.

Percebi que *eu tenho os mesmos direitos dos ricos*. E você também tem. Por que não teria? Eu o desafio a me dizer uma justificativa razoável para não ter.

SEUS IMPULSIONADORES SÃO COMO SEMENTES. PLANTE TODOS OS DIAS E COLHERÁ UMA MENTE DE ABUNDÂNCIA.

Percebe como nunca se trata só de dinheiro? É também se permitir ser feliz, mesmo quando a voz na sua cabeça diz "Isso não é para você". Mas, cá entre nós, vou lhe dar um spoiler: é, sim, para você.

Você merece ter os mesmos direitos dos ricos.

Repita em voz alta: "Eu sou merecedor(a)! Eu tenho os mesmos direitos dos ricos!"

Um dos maiores obstáculos para viver uma vida com Produtividade Financeira é a sensação de falta de merecimento. Pessoas prósperas recebem com prazer e doam com alegria, enquanto aquelas com mentalidade de escassez se sentem constrangidas em receber, mas felizes em doar – muitas vezes até o que não têm, chegando a se endividar para presentear outros. Já a mentalidade de classe média costuma ser a pior das combinações: constrangimento em receber e aversão a doar, com medo constante de que vai faltar. Onde você se encaixa hoje? Identificar seu padrão atual é um passo importante na sua jornada, porque, como já vimos, clareza é poder.

Para transformar essa realidade e se sentir merecedor, existem alguns exercícios práticos que você pode começar hoje mesmo.

O primeiro: quando alguém quiser lhe dar algo (desde que seja bom e honesto), receba com um sorriso e diga "Eu sou merecedor(a)!". Pare de brigar para pagar contas – se ofereça para dividir, mas, se o outro insistir em pagar, aceite com gratidão. Isso não é egoísmo, é equilíbrio. Você se torna um bom recebedor enquanto ajuda o outro a ser um bom doador, criando uma relação de ganha-ganha.

O segundo exercício trata de sinais do universo: quando encontrar dinheiro na rua (sem dono aparente), pegue e declare: "Eu sou um ímã que atrai dinheiro e mereço receber, obrigado, obrigado e obrigado". Parece simples, mas reprograma sua mente para a abundância.

O terceiro é eliminar uma frase perigosa: quando alguém perguntar como você está, nunca mais responda "Melhor do que mereço". Sua vida pode estar boa, mas você sempre merece mais – e não há nada de errado nisso. Você precisa, sim, ser grato pelo que tem. Só que precisa também se sentir merecedor de algo muito melhor. Seja sempre grato pelo que tem hoje, mas nunca conformado; você merece sempre mais no futuro.

Agora, o quarto exercício é uma regra de ouro: primeiro se pague e só depois pague os outros. Quando receber qualquer renda, antes de pagar contas ou compromissos, separe uma parte para seus investimentos. Você merece colher os frutos do seu trabalho antes de distribuir aos outros. Esperar "sobrar" é aceitar migalhas, e você não merece restos. Esse simples hábito muda tudo – porque, quando você se coloca como prioridade, o universo começa a tratá-lo como tal.

E se até hoje ninguém lhe disse isso, eu direi: você merece uma vida de abundância, prosperidade e Produtividade Financeira. Isso mesmo, merece ter uma vida na qual o dinheiro trabalha para você enquanto você tem qualidade de vida.

Lembre-se de que agora você tem os mesmos direitos dos ricos. E a sua prosperidade começa quando você decide parar de se contentar com menos do que merece.

Vamos treinar isso? Tenho uma missão para você!

Diário do Dia Perfeito

Minha experiência no Copacabana Palace foi tão marcante que hoje, quando ensino a um aluno sobre reprogramar travas financeiras e merecimento, sempre falo: "Vá viver uma experiência diferente. Você merece, e isso vai lhe mostrar que há muito mais para você". E é isso o que *você* vai fazer. Quer dizer, não precisa especificamente ir ao Copacabana Palace. Vou explicar.

Imagine um dia em que o dinheiro não é uma limitação, em que você pode viver como deseja, sem restrições. Esse é o exercício do Diário do Dia Perfeito, uma ferramenta poderosa para reprogramar sua mente e alinhar suas ações com a prosperidade e abundância que você merece.

Comece descrevendo, com riqueza de detalhes, como seria o seu dia ideal, o seu dia perfeito. Que horas você acordaria? O que faria pela manhã?

Aonde iria, com quem estaria e como se sentiria? Não deixe nada de fora – desde o café da manhã até os pequenos luxos que hoje podem parecer distantes. Esse não é um exercício de sonhar alto, mas de agir como se já fosse realidade.

Aqui está o desafio: ao final deste livro, volte a esta página e repita o exercício. Compare as duas versões. Você notará que, à medida que suas crenças mudam, seu "dia perfeito" também se transforma. Isso porque você vai aumentando o seu nível de merecimento. O que antes parecia inatingível pode se tornar algo natural, porque sua mente estará reprogramada para a abundância.

Mas não espere até lá para começar. Que tal viver uma pequena experiência desse dia ainda esta semana? Visite aquele lugar que sempre quis conhecer, compre aquele café especial ou reserve um momento só para você. Sinta-se merecedor(a) agora, não no futuro.

Inclusive, eu gostaria de ver esses momentos, vibrar com eles. Ao longo de sua leitura, sempre que você tiver uma experiência para elevar o seu nível de merecimento, me marque nas redes sociais @renandiegooficial, usando a hashtag #BoraEvoluir. Vai ser um prazer acompanhar ainda mais de perto essa jornada tendo a Produtividade Financeira como estilo de vida! E o melhor, sabendo que o seu "dia perfeito" está mais perto do que você imagina! Eu acredito em você, acredite também.

Pare agora, antes de irmos para o próximo capítulo, e escreva o seu dia perfeito a seguir!

Ah, e não se esqueça do segundo brinde, comemore mais esse passo na sua jornada de Independência Financeira! *Tim-tim!*

Diário do dia perfeito

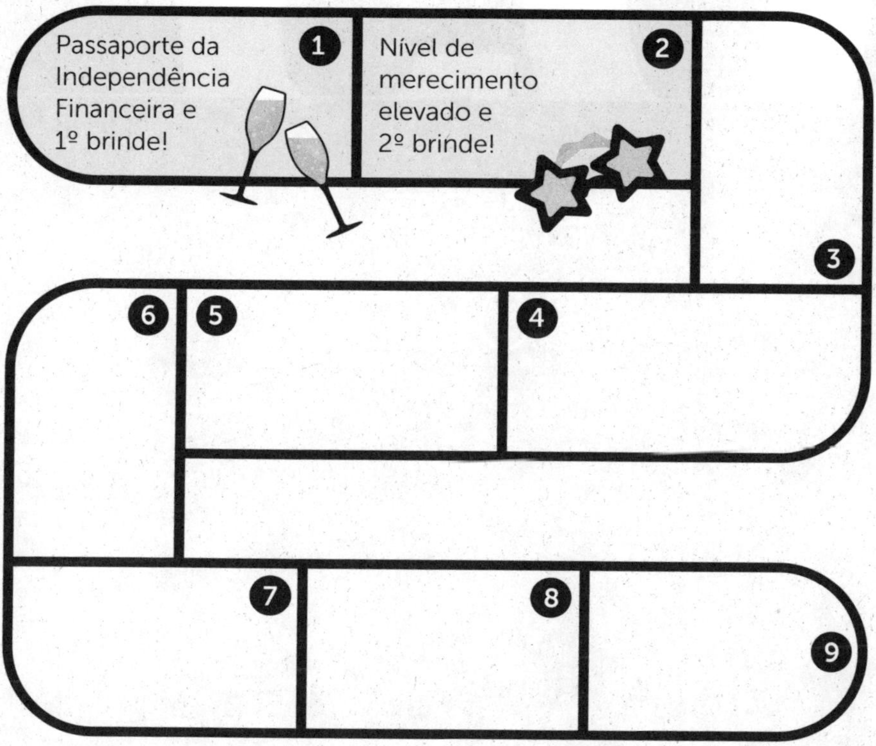
Passaporte da Independência Financeira e 1º brinde!
1
Nível de merecimento elevado e 2º brinde!
2
3
4
5
6
7
8
9

05

BASE SÓLIDA

> “Porque qual de vós, querendo edificar uma torre, não se assenta primeiro para calcular o seu custo, para ver se tem o suficiente para acabá-la?”
>
> LUCAS 14:28

"Não tem a ver com gastar menos. Na verdade, até incentivo você a gastar mais."

Sempre que falo isso pela primeira vez para meus alunos, mentorados e clientes de consultoria, os olhos deles só faltam saltar das órbitas e quicar pelo chão. *Como assim, gastar mais? Estou com as contas no laço...*, pensam – e às vezes, até verbalizam.

Você só precisa saber onde está o dinheiro que está entrando e o dinheiro que está saindo. É por isso que não vou falar para você gastar menos do que ganha. Isso aí todo mundo fala. Eu vou falar para você parar de gastar com o que não se lembra, o que não faz sentido para você. Agora, com o que faz sentido, eu quero que você gaste mais. Sabe por quê? Porque isso vai lhe trazer motivação para ter a qualidade de vida que tanto deseja, que lhe faz feliz, que ajuda quem você ama.

Ah, duvido, aposto que é o que boa parte está pensando. *Você está falando isso porque não tem ideia de como está minha vida financeira.* É, especificamente, não tem como eu saber os seus números, mas tenho certeza da eficácia deste método e de como ele ajudou a mim e a milhares de alunos meus a chegarem à Produtividade Financeira.

Uma coisa é certa: eu vou ajudar você a construir um terreno firme e próspero para voos mais altos. Este passo, de base sólida, é exatamente para isso. Aqui, vamos ver estratégias e ferramentas para administrar melhor o seu dinheiro.

"Ah, lá vem, um monte de planilha chata que vai ocupar todo o meu tempo." Nada disso. É possível administrar suas finanças com eficiência sem abrir mão do seu precioso tempo ou mesmo sem ser especialista em economia ou finanças.

"Mesmo se eu estiver todo endividado?" Sim, mesmo se estiver com dívidas.

Estruturando sua base quando há dívidas

Como já comentei, todo mundo tem dívidas. Não vamos aqui demonizar o crédito ou fingir que dívidas são sempre um problema. Na verdade, existem as dívidas boas e ruins – e entender essa diferença é o primeiro passo para administrar suas finanças sem culpa e com inteligência, e para ter ciência de que é possível investir e ter Produtividade Financeira apesar delas.

A dívida boa é aquela que cabe no seu orçamento e ajuda você a construir algo maior. Ela é planejada e sustentável, você a consegue pagar mensalmente sem atrasos. Como um financiamento imobiliário que lhe permite ter sua casa própria, com parcelas que não comprometem seu padrão de vida; ou um empréstimo para investir no seu negócio, gerando mais retorno no futuro. Resumindo: dívida boa é aquela que vira uma despesa mensal tranquila. Você sabe exatamente quanto vai pagar e como isso se encaixa no seu orçamento. Talvez esse seja o seu caso, e que ótimo! Você está um passo à frente e não vai precisar focar tanto esse tema (se bem que conhecimento nunca é demais).

No entanto, se o seu caso não é o da dívida boa, é provável que a sua situação com dívidas seja um pouco preocupante. A dívida ruim surge do impulso, do desespero ou da falta de planejamento. Ela vem com juros altos, prazos curtos e, muitas vezes, vira uma bola de neve difícil de controlar. É quando você já não está mais conseguindo pagar todos os meses. Como exemplo, temos o rotativo do cartão de crédito, com juros que podem passar de 300% ao ano, e empréstimos emergenciais para cobrir gastos que poderiam ter sido evitados. O pior é que esse tipo de dívida coloca você em um ciclo de dívidas que são praticamente impagáveis.

Pense bem: quando a pessoa está negativada, com nome no Serasa, ela não está só endividada, está perdendo oportunidades.

Assim, podemos esquematizar:

- Dívida boa → ajuda você a construir.
- Dívida ruim → impede você de crescer.

Então, não é para você fugir de qualquer tipo de crédito, mas entender quando ele é um aliado e quando é um inimigo.

O primeiro passo para resolver a situação das dívidas ruins, para variar, começa na sua mente. Problemas financeiros não se resolvem apenas com dinheiro, mas com mudança de comportamento. Muitas pessoas recebem ajuda, mas se endividam mais uma vez porque não transformaram sua relação com o dinheiro. Pare de se definir como alguém "endividado". Você não é a sua dívida, você só *está* com dívidas ruins, passando por um momento difícil, consequências de decisões do passado.

Entender isso já desbloqueia uma chavinha na sua mente e tira um peso enorme das suas costas. Então, nada de ficar dizendo: "Ah, eu sou endividado. Eu sou todo errado. Eu estou afundado em dívidas. Eu não tenho mais jeito. Eu sou um fracassado". Lembre-se sempre de que as palavras têm poder, então cuide do que sai da sua boca. Caso saia algo que não gostaria sem perceber, já reprograme na hora, combinado?

Agora, coloque essa nova mentalidade em prática com clareza. Relacione todas as dívidas que já saíram do seu controle – cartão de crédito, cheque especial, financiamentos, empréstimos com familiares etc. – da seguinte maneira:

- **Nome:** para quem estou devendo? (Ex.: cartão de crédito, conta de luz, minha tia.)
- **Dívida total:** valor total que devo.
- **Parcelas mensais:** quanto deveria estar pagando por mês.
- **Taxa de juros:** a taxa mensal ou anual, se houver (Ex.: cartão = 5% ao mês; dívida com familiar = sem juros).

Essa transparência é fundamental, pois, quando você sabe exatamente o que deve, pode agir de modo estratégico.

Com essa lista em mãos, priorize as dívidas essenciais com os juros mais altos, dedicando cerca de 30% do seu orçamento mensal a elas. Atenção redobrada a cartão de crédito e cheque especial – esses são os verdadeiros vilões. Se conseguir quitar em até três meses, ótimo. Caso contrário, considere alternativas:

- **Se seu nome está limpo:** negocie um empréstimo com juros mais baixos para substituir dívidas caras, busque juros mais baixos e sempre verifique se as novas parcelas cabem no seu orçamento.
- **Se estiver com nome sujo:** avalie vender bens não essenciais ou negociar diretamente com credores, de preferência com assistência jurídica. Mas, atenção, só escolha, por exemplo, vender o carro se isso quitar 100% da dívida.

Não tenha vergonha de negociar, a verdadeira vergonha seria não agir. Muitas vezes, a tentação é fugir do problema, mas isso não adianta. Esconder as dívidas debaixo do tapete só piora a situação. O que você precisa fazer é encarar, porque só assim pode transformar isso em uma oportunidade de crescimento.

Ao negociar, seja realista: proponha valores menores do que acha que pode pagar, para garantir que cumprirá o acordo. Ferramentas como o Serasa Limpa Nome (com descontos de até 99%) e Consumidor.gov (para mediação) podem ajudar, especialmente se seu nome já estiver negativado.

O importante é começar hoje mesmo. Cada dia de atraso significa mais juros acumulados. E não é isso que queremos, claro.

Agora que você viu que ter dívidas é algo comum, que há as boas e ruins, e que aprendeu como é possível quitar as ruins, a próxima ação é conhecer bem os seus gastos.

Não são apenas números

O importante aqui é reprogramar a sua mente e se organizar. Por isso, meu método é diferente – sem planilhas complexas ou fórmulas que parecem um desafio. Vamos focar o básico que importa: seu fluxo de caixa pessoal e seu colchão de segurança.

O segredo? Simplicidade. Saber o que entra e o que sai, sem burocracia. Se você não se lembra onde gastou, é porque não era importante. E se não era importante, pode cortar sem dó mês que vem. Esses são os vazamentos que escapam pelo ralo, aquelas assinaturas que você quase não usa, os serviços por comodidade, gastos automáticos que passam batido. Pequenos valores que, somados, viram um rombo no final do mês que você nem percebe e o afastam da sua Segurança Financeira – e, como já vimos, segurança não se negocia!

Sei o que você está pensando: *Renan, já tentei e sempre desisto.*

Eu também, viu? Não uma ou duas, mas várias vezes. Já até inventei número para fechar planilha. Até cair a ficha: mesmo quando ninguém vê, *eu* vejo. E você também vê. Por isso essa solução tem que nascer de você, caso contrário, ela não dura.

Controle financeiro não é rigidez. É se perdoar quando errar, lembrar do seu propósito e simplificar tanto que fique difícil não fazer. Porque no fim, só uma coisa é inaceitável: desistir. Cansou? Descanse. Mas não pare.

Bora transformar esse monstro chato chamado controle financeiro no seu maior aliado? Quando você entende para onde vai cada centavo, consegue assumir as rédeas. E aí, Segurança Financeira deixa de ser sonho e vira realidade.

Primeiro, você; depois, os outros – a regra de ouro da Produtividade Financeira

Quer saber qual o primeiro passo para criar um controle de orçamento eficiente? Decidir onde você vai anotar suas despesas e receitas. Então me diz: como esse controle é feito hoje?

Aqui não existe certo ou errado, só o que funciona *para você*. Pode ser um caderno, uma planilha, um aplicativo ou até um papel de pão. O importante é que seja prático e que você *realmente use*. O único lugar que não pode ser é na sua cabeça. Tem gente que diz: "Renan, eu controlo tudo de memória". Não caia nessa. Sua mente foi feita para coisas maiores, como gerar ideias e *fazer mais dinheiro*, não para guardar cada gasto do mês.

Agora, um conselho sincero: nos próximos dois meses, enquanto você estiver construindo a sua base sólida, recomendo que use a ferramenta 10-10-60-20, que disponibilizo logo adiante. Ela vai lhe ajudar a encarar suas finanças e, principalmente, trazer muita clareza. Você vai ver *cada centavo*, identificar onde pode melhorar e o que está ajudando ou atrapalhando.

Aplicativos são ótimos, mas têm um problema: *mastigam tudo para você*. E quando as coisas ficam muito fáceis, tendemos a não prestar tanta atenção. Sabe como é? Você só registra e segue, sem de fato *analisar*. E é justamente essa análise que faz a diferença.

Então, o desafio é este: *use a planilha nesses primeiros sessenta dias*. Depois, se quiser migrar para um aplicativo, sem problemas. Mas, por enquanto, vamos começar do jeito certo – com consciência. Fechado? Então, baixe a ferramenta no QR Code a seguir.

Ferramenta 10-10-60-20

Bem, vamos colocar a mão na massa com a ferramenta 10-10-60-20! Vamos ver as orientações de como preenchê-la. Lembrando que essa prática é para pessoas *sem* dívidas descontroladas. Para quem estiver lidando com dívidas muito urgentes, indico seguir as orientações que dei um pouco antes, quando conversamos sobre como lidar com as dívidas ruins. Agora, vamos para o preenchimento da planilha!

Para ficar mais claro, o 10-10-60-20 são os percentuais da sua renda mensal que você vai separar conforme apresento a seguir:

- **Primeiros 10%:** é o mínimo que você vai destinar todo mês para investimentos de longo prazo – seu futuro, sua Independência Financeira. Isso aqui é sagrado, hein?!
- **No mínimo 10%:** esse é para seus sonhos de curto e médio prazo – aquela viagem dos sonhos, trocar de carro, qualquer meta de um a três anos.
- **Até 60%:** aqui entram todas as suas despesas, as fixas (aquelas que têm o mesmo montante mensalmente); as variáveis (que acontecem todos os meses, mas que podem ser reduzidas); e as extras (que são as despesas extraordinárias, para as quais precisamos estar preparados quando acontecerem)... Enfim, aqui entra tudo que não é investimento nem lazer.
- **Até 20%:** uma das melhores partes – lazer e qualidade de vida! Porque você merece aproveitar o fruto do seu trabalho, claro.

Percebeu algo importante? Me referi a "no mínimo" 10% e "até" 60% e 20%. Por quê? Porque se você conseguir investir mais que 10%, ótimo! Já tive aluno que pensava errado: "Renan, já investi 10%, agora o que faço com o restante?". Achava que 10% era o máximo – mas não, é o mínimo! E os 60% e 20%? O "até" significa que você vai se esforçar para não ultrapassar esses limites.

Agora, vem a regra de ouro da Produtividade Financeira – aquela que faz muita gente travar: "Renan, nunca sobra dinheiro para investir!". Claro que não sobra! Dinheiro não *sobra*, você *destina*. O que "sobra" é resto, e você não merece resto. Você trabalhou o mês inteiro e merece ficar em *primeiro* lugar, não em último.

A regra é: primeiro, você; depois, os outros. Assim que receber suas rendas, já separe os 10% + 10% *antes* de pagar qualquer conta. "Mas, Renan, como vou separar 20% se mal consigo pagar as contas?" Calma, eu entendo. Se 20% parecem impossível agora, comece com o que conseguir, mesmo que seja só 1 real. O importante é criar o hábito e começar, mesmo que pequeno, combinado?

Uma dica para se a conta dos 60% de gastos mensais não estiver fechando: dê uma olhada nos seus gastos. Em geral, dá para fazer uns ajustes. E antes que você pense *Renan, vou ter que passar fome?*, respire! Não se trata de deixar de comer, mas de fazer escolhas inteligentes.

Se as contas estão apertadas, considere trocar a marca premium de um produto pela normal por um tempo. Quando as coisas melhorarem, você volta. Já vi gente reclamando de dívida, mas comprando ketchup importado – aí não dá, né?

Se você assina streamings que nem assiste ou a academia já virou doação mensal: se não está usando, cancele! Não precisa parar de se exercitar ou de assistir a séries, mas você só deve pagar o que realmente usar. Me diz: para que pagar 250 reais em streamings para ver só os canais abertos da TV?

Aqui em casa, por exemplo, quando identificamos muito gasto com delivery, damos uma segurada.

Eu sei o que você está se perguntando: "Preciso mesmo anotar todos os gastos, todos os dias? Foi por isso que eu acabei desistindo da última vez, dá muito trabalho". E eu entendo perfeitamente. Também já passei por isso. Mas a questão é que sempre nos esquecemos dos pequenos gastos. Aquele cafezinho, o lanchinho rápido, o estacionamento... Tudo isso vai se acumulando e, quando você percebe, já sumiu uma boa parte do seu dinheiro. Então, sim, é preciso anotar. Mas há um jeito tão fácil de fazer isso, que você vai se perguntar por que não fez antes.

A sacada está no seu celular – sim, aquele aparelho que vive grudado na sua mão. Ele vai ser seu maior aliado nessa tarefa. Toda vez que você for pagar alguma coisa – seja no mercado, seja na padaria –, basta pegar o celular e anotar rapidinho no bloco de notas: data, o que comprou, se foi no crédito ou no Pix, e o valor. Leva menos tempo que mandar uma mensagem no WhatsApp, sério!

Agora, a parte mais importante: você não precisa ficar transferindo isso para a planilha todo dia. Isso seria chato mesmo! Escolha um dia na semana para organizar tudo. Eu, por exemplo, gosto do sábado de manhã, quando estou mais tranquilo. E acredite, não vai levar nem dez minutos, só não deixe acumular mais de uma semana.

E uma coisa importante é lançar o que for pago no cartão de crédito só no mês que você vai pagar a fatura, não no mês em que comprou o item. Lembre-se de que é um fluxo de caixa pessoal: só lance os valores no mês que o dinheiro entrou ou saiu da sua conta.

O mais incrível é que, depois de um tempo, isso vira um hábito tão natural que você vai fazer no automático, como escovar os dentes. E aí, meu amigo e minha amiga, você vai finalmente entender para onde está indo cada centavo seu. Não é mágica, é só organização simples que funciona.

Técnica das 24 horas e Q2P

Agora que você já tem clareza sobre para onde seu dinheiro está indo, percebe como alguns gastos escapam do controle e viram um buraco no orçamento? Em geral, são compras feitas por impulso, sem pensar devidamente. Para resolver esse problema, vou ensinar duas técnicas poderosas.

Uma dela é a técnica das 24 horas. Quantas vezes não me peguei levando para casa algo que "estava barato demais para deixar passar", só para descobrir depois que nem precisava daquilo? Foi então que resolvi adotar uma regra: nenhuma compra por impulso sem antes esperar um dia inteiro. Se eu vejo um produto que me chama atenção, seja uma garrafa térmica em promoção ou um eletrônico novo, faço uma pausa. Deixo a emoção inicial passar e volto 24 horas depois para avaliar com a cabeça fria. O resultado? Na maioria das vezes, sequer me lembrava do item. Quando me lembrava, era com muito mais clareza sobre sua real utilidade. Essa simples espera me poupou centenas, talvez milhares de reais em compras desnecessárias e vai ajudar você também. Então, comece hoje mesmo a aplicar a técnica das 24 horas.

Mas, quando a compra parecia importante, eu partia para o segundo filtro: a técnica Q2P, o verdadeiro pulo do gato. Antes de qualquer decisão de consumo, passei a me fazer três perguntas fundamentais. Primeira:

"Eu realmente **QUERO** isso?"; não o desejo momentâneo, mas um querer genuíno. Segunda: "Eu **PRECISO** disso?"; separando com clareza a real necessidade dos desejos passageiros. E por último, a mais importante: "Eu **POSSO** comprar isso?"; considerando meu orçamento real, não minhas vontades.

Daí vem a técnica Q2P:

Técnica Q2P = Quero? → Preciso? → Posso?

Essas duas técnicas ajudam muito, e em todos os tipos de compras. Comigo, até no supermercado a mudança foi visível: das compras por impulso nas gôndolas de promoção, passei a levar apenas o necessário. Lembro, inclusive, de uma aluna que aplicou isso e evitou comprar um sofá caro só porque estava "em promoção". Ela percebeu que nem cabia na sala!

A verdade é que qualquer desconto sobre algo de que eu não preciso está caro!

Percebe como a questão do consumo consciente vai além de economia? O nosso cérebro é programado para buscar recompensas imediatas, nos levando a decisões financeiras ruins, mas quando inserimos uma pausa, um momento de reflexão entre o desejo e a ação, tudo muda. Começamos a consumir por escolha, não por impulso.

Como já disse, a Produtividade Financeira não vem de restrições extremas, mas da capacidade de fazer cada real trabalhar a seu favor sem abrir mão da sua qualidade de vida. E você? Está pronto para transformar sua relação com o consumo? Experimente essas duas técnicas na próxima compra e descubra como pequenas mudanças podem gerar grandes resultados no seu bolso e na sua paz de espírito. Afinal, o objetivo delas não é privar, mas dar o devido valor ao seu tão suado dinheiro.

Segurança não se negocia!

Outro aspecto essencial para lhe dar segurança na sua jornada rumo à Produtividade Financeira é ter um colchão de segurança, que nada mais é do que uma reserva para imprevistos reais; não para despesas previsíveis, como IPTU ou matrícula escolar que acontecem todos os anos, mas para situações inesperadas, como perder o emprego, enfrentar um problema de saúde grave ou lidar com uma crise familiar.

Quando comecei a ensinar sobre finanças, percebi que muitas pessoas erram na hora de calcular o colchão de segurança: alguns guardam dinheiro demais, perdendo oportunidades de investimentos melhores, enquanto outros guardam de menos e acabam recorrendo a empréstimos quando aparece uma emergência. A chave está em ter clareza daquilo que vai te dar Segurança Financeira.

Para calcular de modo correto, comece identificando suas despesas essenciais, aquelas que, se você não pagar, vão fazer sua vida desandar completamente: alimentação, aluguel, contas de luz e água, remédios essenciais, ou seja, tudo o que é vital para sua subsistência e da sua família, ou que podem lhe custar um bem – como financiamento do carro ou da casa, pois, se você deixar de pagar, o banco ou a financeira podem tomar de você. Aqui tem um detalhe importante: não confunda despesa essencial com despesa mensal. A mensal inclui tudo o que você gasta, enquanto a essencial é apenas o mínimo necessário para sobreviver em momentos difíceis.

A fórmula é simples: some todas as despesas essenciais mensais e multiplique por 12 (referente a 12 meses). Por exemplo, considerando que suas despesas essenciais sejam de 2 mil reais, o colchão precisaria ser de 24 mil reais (2 mil × 12). Se suas despesas são 1,5 mil reais, sua reserva deve ser 18 mil (1,5 mil × 12); se forem 3 mil reais, será 36 mil reais (3 mil × 12). Ficou claro? É bem simples! Mas não faça estimativas, ter precisão é essencial.

Colchão de segurança = despesas essenciais mensais × 12 meses

Se você ainda não tem esse colchão de segurança, sugiro focar totalmente construí-lo primeiro, pois é ele que definirá o marco da sua Segurança Financeira – e segurança, não deixo de repetir, não se negocia.

Eu sei que pode parecer assustador juntar 12 meses de despesas essenciais, mas é aí que entra o que aprendemos no início da quebra de padrão: precisamos transformar o que parece difícil em algo fácil.

E um modo de tornar esse objetivo mais alcançável é dividi-lo em duas partes menores; a primeira metade eu chamo de PMS, o Patrimônio Mínimo de Sobrevivência. Vamos pegar o exemplo do colchão de 24 mil reais que mencionei. O PMS seria exatamente a metade disso: 12 mil reais. Esse valor não é à toa, ele representa uma segurança básica. Ainda não é a sua Segurança Financeira, mas já é o seu Patrimônio Mínimo de Sobrevivência.

$$\textbf{Patrimônio Mínimo de Sobrevivência (PMS)} = \frac{\text{colchão de segurança}}{2}$$

O grande segredo do PMS é que ele já tira você do desespero. Imagina quando o salário atrasa, quando surge um remédio urgente ou qualquer imprevisto que exija dinheiro imediato – com o PMS, você não precisa recorrer ao cheque especial ou pegar empréstimos. Ele é sua primeira linha de defesa financeira. E o melhor: quando você atinge esses 12 mil reais, já está no meio do caminho para completar os 24 mil reais do colchão completo. Não precisa começar do zero de novo – é só continuar acumulando até chegar lá.

E só para lembrar que os 24 mil reais de colchão de segurança é o exemplo para quem tem despesas essenciais de 2 mil reais por mês, mas é importante calcular qual o valor do seu colchão de segurança, combinado?

Muita gente me pergunta se, depois de atingir o PMS, precisa zerar o saldo para começar o colchão de segurança. De jeito nenhum! O PMS já é parte do seu colchão. Se você já tem os 12 mil reais, ótimo – agora é só juntar mais

12 mil reais para completar sua reserva de segurança. É como escalar uma montanha: você já chegou no acampamento base, agora só falta seguir até o topo. (E isso até me lembra dos meus tempos de escoteiro!)

Só que atenção: sempre que seu padrão de vida mudar, recalcule esses valores. Se você mudar de casa, tiver um filho ou qualquer mudança que afete suas despesas essenciais, seu colchão precisa ser ajustado.

Lembre-se: construir sua Segurança Financeira é um processo, mas cada passo conta. Quando você atinge seu PMS, já pode respirar mais aliviado. E quando completar o colchão inteiro, vai sentir uma tranquilidade que poucas pessoas experimentam.

"Renan, onde entra o PMS ou o colchão de segurança no 10-10-60-20?" Pois bem, se você ainda não construiu seu Patrimônio Mínimo de Sobrevivência, precisamos fazer uma mudança importante nessa distribuição.

A partir de agora, se você está no processo de construir seu PMS, vamos unificar aqueles 10% destinados para investimentos de longo prazo e 10% de curto/médio prazo em um único bloco de 20%. Esse valor todo será direcionado exclusivamente para formar seu PMS e, como consequência, seu colchão de segurança. Por quê? Porque não faz sentido você pensar em investir para o futuro se ainda não tem Segurança Financeira para o presente. Enquanto não tiver essa reserva financeira, ela deve ser sua prioridade absoluta.

Vou sempre reforçar e levantar a bandeira de que segurança não se negocia, até porque talvez você só veja valor nessa reserva para sua segurança quando realmente precisar. Digo isso porque, na época da pandemia de covid-19, em que muitas pessoas ficaram desempregadas ou tiveram seus salários reduzidos, muitos dos meus alunos que não entendiam por que eu sempre reforçava a importância de não negociar a segurança deles e da família me agradeceram. Eles só conseguiram passar por aquele momento difícil porque tinham seu colchão de segurança.

Os outros percentuais permanecem os mesmos: 60% para suas despesas mensais e 20% para lazer. Agora, você pode estar pensando: *Mas e se eu reduzir ainda mais o lazer para acelerar meu PMS?* Você até pode fazer isso, mas eu não recomendo, pois é o lazer que mantém sua qualidade de vida e seu equilíbrio emocional durante essa jornada. E, como você já sabe, Produtividade

Financeira é uma escolha diária, na qual você vai sempre buscar fazer o seu dinheiro trabalhar para você enquanto você tem qualidade de vida. Se você conseguir ajustar para 15% ou até 10% de lazer, ótimo – esse excedente pode ser direcionado para seu PMS. Mas não elimine o lazer; eliminá-lo por completo pode acabar minando sua motivação a longo prazo.

Nas etapas seguintes, você poderá reajustar sua estratégia e começar a investir com mais segurança. Por agora, foque em ajustar e organizar seu orçamento (suas dívidas e gastos mensais), calcular suas despesas essenciais e definir seu PMS e colchão de segurança. Isso lhe conferirá a Base Sólida tão necessária para seguirmos em frente.

Até porque, como eu disse lá no início, não estou aqui para fazer você gastar menos, custe o que custar, focando apenas cortes e mais cortes. Pense bem: em vez de focar apenas gastar menos, por que não buscar ganhar mais? O segredo está em controlar e planejar a renda, não os gastos. Quanto mais dinheiro entra, mais você pode gastar – porém, com consciência, como vimos. A verdade é que não devemos apenas nos perguntar "Como gastar menos?", mas "Como fazer mais dinheiro?".

É aí que entra o próximo passo: sair do "zero a zero" e criar fontes de renda extras. Quando o dinheiro começa a sobrar, você atinge o que chamamos transbordo. Neste ponto, sua renda ultrapassa o básico e abre espaço para mais liberdade e qualidade de vida.

No próximo capítulo, vamos mergulhar fundo em como criar novas fontes de renda. Afinal, não adianta só apertar o orçamento, é preciso expandi-lo. E é isso que vamos fazer. Bora?

Ah, e não se preocupe com onde você pode colocar o dinheiro do seu colchão de segurança, vou ensinar tudo isso nos próximos capítulos.

Por enquanto, foque se organizar financeiramente e, se já chegou no seu PMS ou no seu colchão de segurança, é hora de comemorar: um brinde à sua Segurança Financeira!

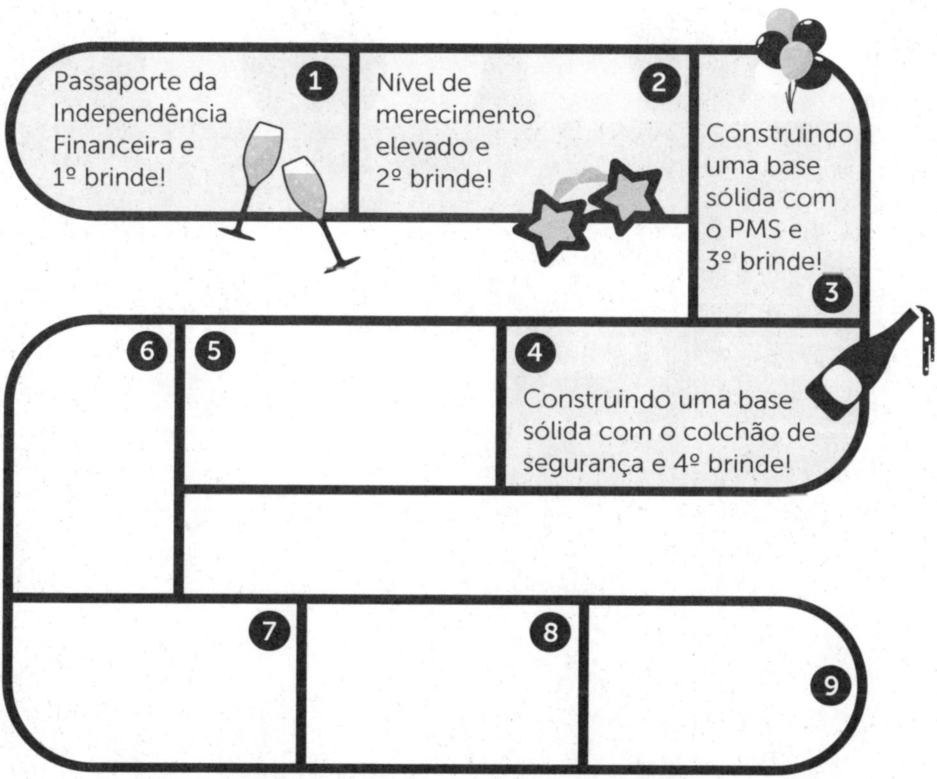
Passaporte da Independência Financeira e 1º brinde!
1
Nível de merecimento elevado e 2º brinde!
2
Construindo uma base sólida com o PMS e 3º brinde!
3
4
Construindo uma base sólida com o colchão de segurança e 4º brinde!
5
6
7
8
9

06

GERAÇÃO DE RENDA

> “A única forma de enriquecer de verdade é multiplicar as suas fontes de receita.”
>
> GRANT CARDONE[34]

E*ba! Chegou a parte de ganhar dinheiro!* Talvez tenha sido esse o seu pensamento assim que leu o título do capítulo. Com a parte do *Eba!*, eu concordo. Quem não se anima quando tem dinheiro entrando? Mas a parte do ganhar dinheiro...

Vamos combinar o seguinte: a partir de hoje, usaremos apenas a expressão fazer dinheiro. Abandone esse negócio de ganhar dinheiro. Sabe por quê? Porque fazer dinheiro implica ação proativa e autorresponsabilidade, pois depende das escolhas e do esforço de cada um; enquanto ganhar dinheiro é uma mentalidade passiva, como se o dinheiro viesse de algo ou alguém externo. E, quando nós ganhamos algo, vem fácil. E não é bem assim que funciona se você quer chegar à sua Independência Financeira. Você vai precisar fazer dinheiro. Se alguém vai lhe dar, esse alguém é você.

Então, depois de quebrar padrões e construir uma base sólida, é hora de ver formas de fazer mais dinheiro, de aumentar sua renda. Repare que eu disse *renda*. Aliás, como já deve ter percebido, o nome desse passo é *geração de renda*. Por isso, neste momento, é importante entendermos três conceitos: renda ativa, renda passiva e renda extra.

---

[34] CARDONE, G. **Seja obcecado ou seja mediano**. Rio de Janeiro: Alta Life, 2020.

RENDA ATIVA	RENDA PASSIVA	RENDA EXTRA
Remuneração fixa do emprego principal, isto é, seu salário.	É a remuneração que você recebe **sem precisar trabalhar ativamente para isso** (investimentos, aluguel de imóvel, *royalties*...).	É a remuneração que você recebe **além da sua fonte principal de renda**, em geral, de maneira complementar e temporária (*freelas*, venda de produtos, dar aulas...).
Limitado e dependente de uma única fonte (seu chefe/sua empresa).	Permite liberdade e crescimento exponencial. Acelera a sua Independência Financeira.	Normalmente vai precisar do seu tempo após o horário do trabalho.
Focar apenas o salário gera estagnação financeira.	Exige autorresponsabilidade para estudar e aprender sobre investimentos.	Exige atitude e vontade para criar múltiplas fontes de renda extra.

Colocar o foco em aumentar a renda extra, e não apenas o salário, é fundamental porque, quando chegarmos ao pilar do legado (quando vamos tratar da renda passiva), seu potencial para investir estará bem maior.

A primeira maneira de isso acontecer, não ironicamente, é **aumentando o seu salário.**

Perceba que, agora que você sabe como deixar suas finanças sob controle, vai poder investir boa parte de sua energia no trabalho, para aumentar sua produtividade e trazer mais soluções, não mais em problemas financeiros. Você se torna mais criativo, inovador e valioso para a empresa. Resultado? Suas chances de promoção e, consequentemente, de aumentar seu salário disparam. Mas atenção: vamos ver que promoção não depende só de você. Então, enquanto faz seu melhor, não fique só esperando – temos mais duas formas de gerar renda.

Uma delas é **reduzir suas despesas.**

Diminuir gastos significa que o dinheiro que ia embora agora fica com você. E o melhor? Sem precisar abrir mão do que realmente importa. Trata-se de gastar com inteligência, não de deixar de viver.

A outra forma – a mais poderosa – é **criar novas fontes de renda**.

Isso depende 100% de você. Não precisa de chefe, não precisa de empresa, não precisa de sorte. É você no comando, multiplicando seu dinheiro. E é onde a magia acontece.

Vou ensinar **como aplicar cada uma dessas três estratégias** e lhe mostrar que elas são complementares, podendo ser usadas em conjunto.

E aí, pronto para virar uma **máquina de fazer dinheiro**?

Então, bora evoluir!

Primeira estratégia: aumento de salário

Como entregar mais valor no trabalho?

Se depender só da sorte ou do "mérito invisível", seu aumento pode demorar anos – ou nunca vir. A diferença entre quem cresce rápido e quem fica estagnado está na **ação estratégica**: não basta trabalhar duro, é preciso trabalhar com inteligência, de modo intencional. E a boa notícia? Isso se aprende. Eu mesmo usei essas técnicas para sair de estagiário a gestor em uma multinacional em menos de quatro anos, e hoje vou mostrar para você **exatamente como fazer isso**. Pronto para transformar seu esforço em resultados tangíveis? Os cinco passos a seguir são seu atalho para você crescer no seu trabalho e, como consequência, aumentar seu salário.

Primeiro: marca pessoal

Sua marca pessoal é seu principal patrimônio. Não adianta achar que pode ser uma pessoa no trabalho e outra nas redes sociais. Hoje tudo está conectado. A imagem que você passa impacta diretamente suas oportunidades – desde promoções até ofertas de outras empresas. Pense sempre: como estou me vestindo? Como estou falando? O que estou postando? Tudo isso precisa estar alinhado com o profissional que você quer ser. E se encontrar posts antigos que não combinam com essa imagem? Delete sem pena. Crescer dói, mas é necessário.

Segundo: seja um intraempreendedor

Aqui está o segredo: você precisa pensar e agir assumindo uma postura empreendedora, não importa se é estagiário ou se tem o cargo mais básico. Isso significa se preocupar desde a redução de custos até ideias para aumentar o faturamento. Intraempreendedor é um funcionário que atua com senso de dono, como se a empresa fosse dele. É isso que vai diferenciá-lo de outros funcionários que só estão ali para fazer o que foi pago.

Como colocar em prática? Assuma atividades extras voluntariamente, vá além do pedido. Se lhe pedirem A, entregue A^2. Essa mentalidade é o que chamamos de *overdelivery* – entregar sempre mais do que esperam de você.

Terceiro: networking estratégico

Nada de ficar isolado no seu cantinho como "bicho do mato". Participe de almoços em grupo, eventos da empresa, converse com pessoas de outras áreas. As melhores oportunidades muitas vezes surgem dessas conexões. Lembre-se: boas relações o levam a outros patamares na carreira.

Quarto: proatividade

Não espere que lhe mandem fazer o óbvio. Antecipe-se. Leve soluções para a empresa, não problemas. Esteja sempre pronto para novos desafios. O profissional que se destaca é aquele que quando o chefe pede algo, pode responder na hora: "Já está feito!"; isso leva o seu gestor a pensar: *Não posso perder esse profissional de jeito nenhum.*

Quinto: não tenha medo de errar

Os profissionais que mais se destacam hoje são justamente os que encaram desafios, mesmo sabendo que podem errar. O segredo? Errar rápido, consertar rápido e não repetir o erro. Eu mesmo, quando trabalhava no setor de petróleo e gás, adorava pegar os projetos considerados "arriscados" – aqueles que eu chamava de projetos "ÃO": ou resultariam em promoção, ou em demissão. E sabe por quê? Porque eram as oportunidades para mostrar meu valor com *overdelivery*.

Aplicando esses cinco passos com consistência, você será notado. Seu trabalho – provavelmente, a sua principal fonte de renda hoje – se tornará um poderoso aliado na sua jornada de Independência Financeira. Mas atenção: se depois de um tempo executando tudo isso em alto nível, seu chefe ainda não estiver enxergando seu valor, tem uma estratégia infalível para resolver a questão. E é isso que vou mostrar a seguir.

Como negociar aumentos salariais

Mesmo quando você está em alta performance, entregando muito mais do que recebe, pode acontecer de o aumento não vir tão rápido quanto o esperado. Isso é normal no meio corporativo. Mas, calma, se você está aplicando os cinco passos que acabei de ensinar, gerando resultados consistentes, sua hora vai chegar. Lembre-se: primeiro você planta, depois colhe.

"Mas, Renan, e se o tempo passar, minhas responsabilidades aumentarem e a promoção não vier?" Aí é hora de você mostrar ao seu chefe, de maneira clara e profissional, o impacto real do seu trabalho.

A verdade é que a maioria dos meus alunos nem precisa chegar a pedir aumento – quando aplicam os cinco passos que citei há pouco, se tornam tão acima da média que são naturalmente reconhecidos. E hoje, no mercado, profissionais excepcionais são raros. Mas, se você precisar fazer esse movimento, vou mostrar sete passos estratégicos para não ser mais um que pede aumento sem embasamento.

7 passos estratégicos para pedir um aumento

Passo 1: avalie o momento da empresa

Pedir aumento quando a empresa está passando por dificuldades financeiras ou mudanças de gestão é tiro no pé. Tenha sensibilidade para identificar o timing certo. Se necessário, segure a onda um pouco, mas não deixe passar muito tempo.

VOCÊ VAI
PRECISAR FAZER
DINHEIRO. SE
ALGUÉM VAI
LHE DAR, ESSE
ALGUÉM É VOCÊ.

Produtividade financeira
@renandiegooficial

Passo 2: marque uma reunião formal

Nada de abordar seu chefe no café ou jogar "um verde para colher maduro" durante um projeto. Isso é amadorismo puro. Agende uma reunião específica para esse assunto, seja profissional desde o primeiro momento.

Passo 3: entenda a mente do seu chefe

Quando você pede aumento, seu gestor automaticamente pensa: *Isso vai reduzir meus lucros*. É natural – eu mesmo, como gestor e empresário, pensava assim. Sua missão é mudar essa perspectiva. Mostre como aumentar seu salário pode:

- aumentar os lucros da empresa;
- reduzir custos;
- melhorar o posicionamento no mercado;
- criar mais valor para os clientes;
- aliviar seu gestor.

Importante! Jamais use justificativas pessoais, do tipo "Tive um filho" ou "Minhas contas aumentaram". Sendo bem sincero, isso não é problema da empresa e coloca você em posição de fraqueza. Além disso, não exagere na pressão. Se você ficar nervoso, perde a razão.

Use dados, não desespero.

Passo 4: mostre o custo da sua substituição

Neste momento, destaque pontos como:

- os investimentos que a empresa já fez em você (treinamentos, capacitações);
- atividades-chave que só você domina;
- o tempo e o custo que seriam necessários para treinar alguém novo.

Comprove isso tudo de maneira leve, sem parecer que é uma ameaça e, claro, sem dizer diretamente "sou caro para substituir" – seu gestor é inteligente e vai captar a mensagem.

Passo 5: apresente dados de mercado

Pesquise quanto profissionais com sua função e desempenho estão ganhando no mercado. Mostre a discrepância entre:

- o que você recebe;
- o que você entrega (resultados acima da média);
- o valor de mercado para seu nível.

Chegue para a reunião com números concretos, nada de "vamos ver no que vai dar". Você pode usar sites de vaga de emprego para embasar sua argumentação.

Passo 6: mantenha um clima de conversa, não de discussão

Esteja preparado para negociar. Seu chefe pode:

- oferecer um cargo diferente do esperado;
- propor aumento gradual (ex.: 5% ao mês até chegar a 15%);
- pedir um prazo.

Ouça, avalie o que faz sentido para você e mantenha o diálogo profissional. Esteja aberto a contrapropostas.

Passo 7: saiba encerrar

Se chegar a um acordo, ótimo. Caso contrário, sorria, agradeça o tempo do seu chefe e saia com elegância. Lembre-se: essa é uma conversa, não uma briga. Uma boa saída é também pedir um feedback de tudo o que você apresentou e um prazo para revisão da negativa dele.

É fundamental que você entenda que o seu aumento salarial não é um favor e nem é por causa de um cargo que você deseja assumir no futuro. É uma troca justa pelo valor que você já está gerando para a empresa. Comprove essa verdade com clareza e números.

E se, mesmo depois dessa conversa com seu chefe, do feedback, do seu pedido de revisão da sua proposta, você não conseguiu um aumento salarial, você sempre tem escolhas. Ninguém é obrigado a ficar em emprego algum. Mas só tome decisões depois de garantir algo melhor. Enquanto isso, continue entregando valor extraordinário – porque, no final, seu crescimento depende principalmente de você.

Segunda estratégia: redução inteligente de despesas

Depois de vermos a primeira forma de fazer mais dinheiro, que é aumentando o seu salário, agora vamos explorar a segunda: diminuindo as suas despesas. Quando falo em reduzir gastos, não significa cortar as coisas que você gosta, mas aproveitar melhor o que já faz e extrair vantagens disso.

Começando pelo básico

Vou dar alguns exemplos práticos, começando pela sua conta de energia elétrica. Pequenas mudanças nos seus hábitos diários e no uso de eletrodomésticos podem, sim, fazer diferença no valor da sua conta no fim do mês.

A primeira dica é sobre as lâmpadas. Se as suas ainda são incandescentes – aquelas amareladas –, saiba que elas já estão proibidas no Brasil desde 2016, justamente por consumirem muita energia e terem baixa eficiência. A boa notícia é que as substituir por modelos LED pode representar uma economia de até 85% no consumo. E mesmo em relação às fluorescentes, que já são mais econômicas, as LED ainda oferecem uma vantagem de cerca de 60% a menos de gasto energético.[35]

Só para você ter uma ideia: depois que atingi minha Independência Financeira, eu me mudei de um apartamento de 52 metros quadrados para uma cobertura. No primeiro mês morando lá, tomei um susto tão grande

---

[35] VELOSO, A. C. Lâmpadas LED geram economia de até 85% em relação às incandescentes. **Extra**, 5 ago. 2022. Disponível em: https://extra.globo.com/economia-e-financas/lampadas-led-geram-economia-de-ate-85-em-relacao-as-incadescentes-entenda-25551472.html Acesso em: 17 maio 2025.

com a conta de luz que pensei até em voltar para onde morava. Mas, logo em seguida, investi quase 500 reais na compra de lâmpadas de LED e valeu a pena. Em apenas três meses, já havia recuperado o valor gasto. Depois disso, foi só economia. Cheguei a reduzir cerca de 25% na minha conta de luz.

Isso é fazer mais dinheiro para investir nos seus sonhos e objetivos.

Outra prática simples, mas eficaz, é apagar as luzes em ambientes vazios. Parece básico, mas muita gente esquece. Se você não está fazendo o básico, como vai alcançar resultados extraordinários? Além disso, vale a pena tirar da tomada tudo o que não está em uso: televisão, micro-ondas, computador, fogão elétrico... Sabe aquela luzinha vermelha que fica acesa nos eletrônicos? Ela indica que o aparelho ainda está consumindo energia, mesmo que pouco. E esses "pouquinhos" somados dia após dia, mês após mês, anos após anos, fazem diferença no final.

Eu mesmo adquiri esse hábito depois que me casei. Antes, na casa dos meus pais, tudo ficava ligado na tomada porque parecia mais prático. Ninguém pensava nisso – era uma crença que tínhamos. Para facilitar, uma dica é usar réguas ou estabilizadores para agrupar aparelhos como televisão, modem de internet etc. Assim, com um único botão, você desliga tudo de uma vez à noite ou quando não estiver usando. Pode parecer um detalhe, mas, ao longo do ano, a economia é significativa.

Porém, antes de conectar vários aparelhos na mesma régua, é importante verificar se ela suporta a potência total dos equipamentos. Cada régua tem um limite de corrente (geralmente entre 10A e 20A), e ultrapassar essa capacidade pode causar superaquecimento e até risco de curto-circuito. Se você não tem certeza, vale consultar um profissional de elétrica para orientar sobre a melhor forma de organizar seus dispositivos sem sobrecarregar a tomada.

Outro cuidado é evitar conectar aparelhos de alto consumo, como micro-ondas, ar-condicionado ou máquina de lavar, em réguas comuns – esses equipamentos exigem circuitos dedicados. Segurança em primeiro lugar, sempre!

Uso estratégico de cartões de crédito

Você já parou para pensar que poderia estar recebendo dinheiro de volta toda vez que faz uma compra? Ou acumulando milhas? Pois é, muita gente ainda deixa esse dinheiro extra escorrer pelos dedos sem perceber. Vamos falar sobre duas formas inteligentes de fazer mais dinheiro: cashback e programas de milhas.

Dinheiro voltando para seu bolso

O cashback (que significa "dinheiro de volta") é um sistema simples: você compra em sites parceiros e recebe uma porcentagem do valor gasto de volta. Segundo o Banco do Brasil, por exemplo, mais de 3 milhões de seus clientes receberam em forma de cashback – desde 2018, quando implementou o benefício – o valor total de 1 bilhão de reais.[36]

Como funciona?

- **Cadastre-se em plataformas de cashback.**
- **Acesse a loja pelo link do cashback** – se você entrar direto no site da loja, sem passar pela plataforma, não ganha nada.
- **Compre normalmente** – o valor do cashback é creditado na sua conta depois que a compra é confirmada.
- **Resgate quando quiser** – algumas plataformas permitem saque em conta ou uso como crédito em novas compras.

Dica importante: nem todo cashback é igual. Algumas lojas oferecem até 20% de volta, principalmente em eletrônicos e moda. Só que algumas plataformas podem demorar semanas para liberar o valor, então é importante ler os termos antes.

O cashback está cada vez mais comum em cartões de crédito.

Programas de milhas

Se você tem cartão de crédito, provavelmente já acumula milhas sem nem perceber. Só que muita gente não sabe como usá-las direito. Os brasileiros

[36] BB SUPERA marca de R$ 1 bilhão pagos em cashback. **Banco do Brasil**, 14 fev. 2025. Disponível em: www.bb.com.br/pbb/pagina-inicial/imprensa/n/68455/bb-supera-marca-de-r-1-bilhao-pagos-em-cashback/. Acessos em: 15 jun. 2025.

deixam expirar mais de 39 bilhões de milhas por ano[37] – um desperdício gigante! Porque milha é dinheiro, gente!

Na prática, milhas são como uma moeda virtual; você pode trocar seus pontos acumulados nos cartões de crédito por elas ou pode acumulá-las em programas de companhias aéreas, criadas para recompensar sua lealdade, mas que hoje vão muito além disso. No passado, só era possível acumular milhas voando. Hoje, o cenário mudou. Você consegue acumulá-las fazendo qualquer tipo de compra com cartão de crédito.

Seu cartão de crédito é uma verdadeira máquina de gerar pontos e converter em milhas, já que todo banco oferece programas de pontos que se convertem em milhas, nos quais normalmente determinado valor gasto equivale a 1 ponto, que depois pode ser transformado em × milhas, dependendo da conversão do programa – e, dependendo do cartão de crédito, você pode ter uma proporção melhor de pontos a cada dólar gasto.

Só que vai muito além disso: lojas que com frequência vendem na internet oferecem promoções nas quais você pode ganhar até dez milhas ou pontos por cada real gasto – já houve casos de alunos meus que compraram smartphones e acumularam milhares de milhas em uma única compra! Programas de assinatura de companhias aéreas também são ótimas opções, oferecendo milhas mensais fixas por uma taxa determinada. E não podemos esquecer das transferências bonificadas, nas quais os bancos periodicamente oferecem promoções que dobram os pontos quando você os converte em milhas.

Outra dica boa é investir na dupla imbatível: cashback + milhas. Imagine só: você compra um celular pelo link de cashback, ganha 5% de volta e ainda paga com um cartão que acumula pontos que depois você troca por milhas. Ou seja, economiza duas vezes na mesma compra. Esse é o tipo de estratégia que quem entende de dinheiro usa todo dia. E o melhor: você não

---

[37] NAKAGAWA, F. Brasileiros perderam 39 bi de milhas em um ano; veja dicas para acumular e usar. **CNN Brasil**, 25 abr. 2023. Disponível em: www.cnnbrasil.com.br/economia/macroeconomia/brasileiros-perderam-39-bi-de-milhas-em-um-ano-veja-dicas-para-acumular-e-usar/. Acesso em: 15 jun. 2025.

está trabalhando mais por isso, só está sendo produtivo financeiramente com o dinheiro que já gastaria.

Porém, todo esse potencial pode ir por água abaixo se você cometer o erro mais comum: trocar suas milhas por produtos como televisões, panelas ou cafeteiras – na grande maioria dos casos, essa é uma das piores formas de utilizar suas milhas, já que o valor de revenda costuma ser muito superior ao dos produtos oferecidos.

Há inúmeros profissionais que se dedicam a esse terreno próspero de milhagens. Seria interessante pesquisar mais a respeito e ir fundo. Quem sabe você não acaba virando o milionário de milhas?

Terceira estratégia: geração de novas fontes de renda

Depois de aprender como aumentar seu salário e reduzir despesas, é hora de você se transformar em uma verdadeira máquina de gerar renda.

Todas as pessoas realmente ricas têm múltiplas fontes de renda – elas não dependem apenas de um salário. Lembra quando falamos no início sobre a diferença entre renda e salário? Pois é, seu contracheque é apenas uma das muitas maneiras possíveis de fazer dinheiro.

Agora é o momento de começar a construir a própria máquina de fazer dinheiro. Vou apresentar algumas opções para gerar renda extra, aplicáveis a qualquer pessoa, mas você vai precisar avaliar o que faz sentido para sua realidade atual. Uma coisa é certa: não importa se você já tem um bom salário ou não, criar uma fonte adicional de renda é essencial para potencializar seus investimentos e acelerar sua jornada rumo à Independência Financeira, mas sem abrir mão da sua qualidade de vida.

O segredo para começar está em identificar algo que você já faz bem, que gosta de fazer, e pelo qual as pessoas estariam dispostas a pagar. Você fala outro idioma? Pode ensinar iniciantes. Faz doces incríveis? Comece a vender para amigos. Sabe consertar computadores, fazer unhas, dar aulas de música? Todas essas são oportunidades reais. É como costumo dizer: a partir de agora, você não tem mais desculpas para não ter dinheiro, porque existem infinitas possibilidades de monetizar suas habilidades e paixões – e o melhor: enquanto ajuda outras pessoas.

Se você está com dificuldade para identificar suas habilidades para fazer mais dinheiro, faça o seguinte teste: envie uma mensagem para dez pessoas de confiança perguntando "Se você pudesse me recomendar por algo que eu faço muito bem, o que seria?". As respostas vão lhe surpreender e revelar talentos que você nem sabia que eram valorizados. Essas ideias serão o pontapé inicial para você começar a construir sua renda extra.

Há também um esquema que chamo de Quadrante da Geração de Renda que pode ajudá-lo a decidir por onde começar.

Quadrante da Geração de Renda

Imagine ter um mapa que mostra exatamente como transformar seu tempo e habilidades em dinheiro extra. Esse é o poder do Quadrante da Geração de Renda, uma ferramenta simples, mas poderosa, que classifica todas as oportunidades de renda extra em quatro categorias estratégicas. O segredo está em entender que cada tipo de atividade tem uma relação diferente entre duas variáveis cruciais: quanto dinheiro você pode ganhar e quanto tempo precisa dedicar. Essa combinação cria quatro caminhos distintos para aumentar sua renda, cada um deles pensado para um momento específico da sua vida financeira.

No primeiro quadrante, entram as opções mais acessíveis – aquelas que qualquer pessoa pode começar hoje mesmo sem grandes investimentos ou habilidades especiais. Estamos falando de vender aquelas coisas que estão encostadas em casa: o videogame que não usa mais, as roupas que não servem, os livros que já leu. É incrível como muitas pessoas têm centenas ou até milhares de reais parados em objetos esquecidos. A beleza desse quadrante está na simplicidade: com algumas fotos boas e um pouco de paciência, você transforma objetos parados em dinheiro vivo, enquanto ainda faz uma limpeza geral na sua casa. É o ponto de partida perfeito para quem está começando a jornada de renda extra.

Conforme você ganha confiança, pode migrar para o segundo quadrante, das atividades que já exigem um pouco mais de tempo e habilidade, mas oferecem retornos mais consistentes, ainda que não sejam altos o bastante para manter sozinhos seu estilo de vida. Aqui entram os trabalhos *freelancer* na sua área de expertise, dar aulas particulares sobre algo que domina, rodar como motorista de aplicativo nos horários convenientes ou até transformar seu talento na cozinha em uma pequena renda extra com vendas de doces e salgados. O que torna essas opções tão poderosas é que elas permitem monetizar habilidades que você já tem, muitas vezes usando recursos que já estão disponíveis – seu carro, seu conhecimento, seu talento culinário. São como "fontes de renda ocultas" que muitas pessoas sequer percebem que possuem.

Para quem está disposto a dar um passo maior, o terceiro quadrante oferece oportunidades com potencial transformador, mas que exigem investimento proporcional de tempo e dedicação. Criar um canal no YouTube ou um perfil no TikTok sobre um tema que domina, por exemplo, pode começar como um hobby, mas se transformar em uma fonte significativa de renda por meio de monetização de visualizações, publicidade, patrocínios e vendas. Microfranquias são outra opção interessante que permitem entrar no mundo dos negócios com um risco controlado. Essas são atividades que não dão retorno imediato, mas podem se tornar fontes substanciais de renda com o tempo e trabalho adequados.

O quarto quadrante reúne atividades que oferecem excelente retorno financeiro sem exigir tempo integral. Vender seus bens de maior valor como carros ou imóveis, ou programas de afiliados em que você ganha comissão por indicações são exemplos clássicos. O que essas opções têm em comum é que elas permitem escalar seus ganhos sem escalar proporcionalmente seu tempo de trabalho. São ideais para quem já tem alguma experiência em geração de renda e quer dar um salto na capacidade de ganhar dinheiro.

A jornada ideal visa chegar ao quarto quadrante, é claro. Quem não quer gerar mais renda com o mínimo de esforço? O importante, porém, é entender que não existe "melhor" quadrante – o ideal é aquele que combina com a sua realidade hoje. Contudo, é também possível fazer um tipo de renda extra de cada quadrante – e por que não?

Sua renda extra de hoje pode ser seu negócio no futuro

Na verdade, sabe do que você vai precisar? De um PHD. Mas não estou falando daquele título acadêmico que, em geral, vem após o mestrado. Estou falando deste PHD aqui:

- P – Paixão.
- H – Habilidade.
- D – Demanda.

Para transformar sua renda extra de hoje em um negócio no futuro, você precisa encontrar algo que combine sua paixão, suas habilidades e que tenha demanda no mercado, ou seja, pessoas querendo pagar por isso.

Inclusive, foi o que aconteceu comigo quando o que começou como renda extra, somente para acelerar minha Independência Financeira, se tornou ao longo dos anos minha principal fonte de renda e hoje é o meu negócio. Eu entendi que:

Paixão + Habilidade + Demanda = **Negócio sustentável**

Iniciei ajudando amigos de modo informal com organização e educação financeira. Havia **demanda**, mas precisei desenvolver **habilidades** para ensinar sobre o assunto pelo qual tenho **paixão**. Quando vi o impacto (pessoas investindo, casais se reconciliando), virei uma máquina de fazer dinheiro.

Percebe como o segredo está em começar? E é o que vou desafiar você a fazer agora. Vamos lá?

Desafio Geração de Renda

1. Separe três coisas em casa que não usa mais e coloque à venda.
2. Envie para pelo menos dez amigos a frase: “Se você pudesse me recomendar por algo que eu faço muito bem, o que seria?”.
3. Entre em ação para fazer sua primeira renda extra ainda essa semana.
4. E, claro, depois da primeira renda extra, brinde para comemorar!

Gerar renda extra não é sorte – é estratégia somada com vontade de chegar à Independência Financeira. E, agora, você já tem o caminho para criar a própria máquina de renda. No próximo capítulo, vamos ver como começar a investir todo esse dinheiro que vai transbordar.

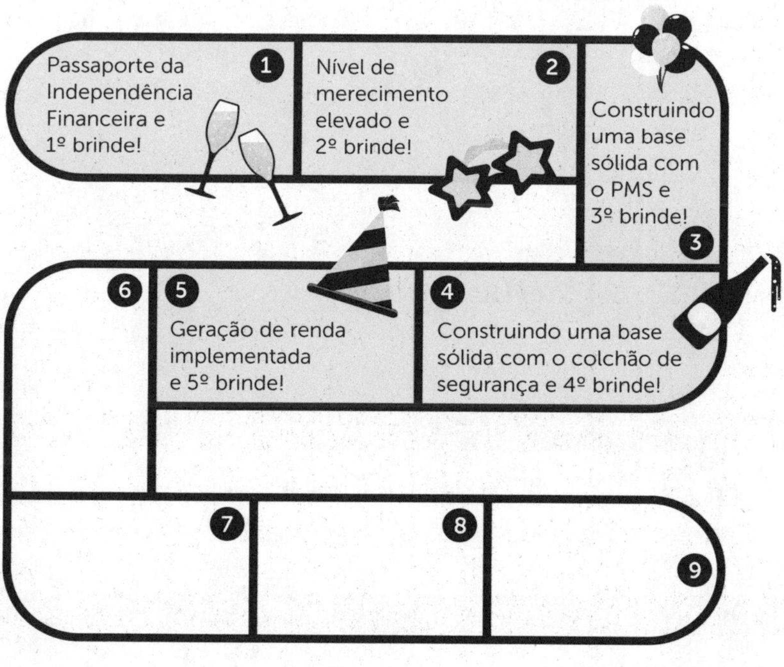

07

LEGADO

> “Seu patrimônio não é apenas uma ferramenta para o presente, mas um presente silencioso que molda o futuro da sua família.”
>
> MORGAN HOUSEL[38]

Se eu fosse agora a qualquer lugar, a um shopping que fosse, e perguntasse para algumas pessoas aleatórias “Você gostaria de ser herdeiro?”, há uma grande chance de que todas respondessem: “É claro!”. Aliás, é uma frase que a gente escuta bastante hoje em dia, em roda de amigos. Quando alguém está sem grana, manda logo um “Ah, como eu queria ser herdeiro...”. E, de fato, deve ser bom mesmo ter uma herança à disposição. Mas não confunda herança com legado, pois são conceitos diferentes.

Herança é o que você deixa para alguém.

Legado é o que você deixa em alguém.

Por isso, receber um legado é infinitamente melhor.

Herança é dinheiro e bens materiais que um dia podem acabar, mas legado são valores e conhecimento que se multiplicam. Herança você gasta, legado você constrói e repassa.

E, para construir o seu legado, vamos mergulhar de cabeça no mundo dos investimentos mais seguros. Porque investir vai além de apenas acumular dinheiro – é criar algo que permanece, algo que pode ensinar aos seus filhos, compartilhar com familiares e amigos. É proporcionar oportunidades

[38] HOUSEL, M. **A psicologia financeira**: lições atemporais sobre fortuna, ganância e felicidade. Rio de Janeiro: HarperCollins, 2021.

e erguer um patrimônio que garantirá Independência Financeira a você e às pessoas que você ama.

"Nossa, Renan, parece difícil..." Não, não. Nada de dar ouvidos a essa trava financeira. Olhe para o quanto você já evoluiu! Você quebrou os padrões que o impediam de buscar Independência Financeira. Desenvolveu uma mente próspera, abundante e milionária. Construiu bases sólidas, organizando suas finanças e assumindo o controle delas e, por fim, se tornou uma verdadeira máquina de gerar renda. Você está mais do que pronto para dar este passo e fazer de vez o seu dinheiro trabalhar para você.

Vou ensinar, sem economês complicado ou jargões desnecessários, como analisar e escolher os melhores investimentos em renda fixa, o alicerce de qualquer bom portfólio de investimentos para quem está começando. Você vai aprender a tomar decisões com confiança, pois tudo será apresentado de maneira clara, objetiva e, principalmente, aplicável. Afinal, Produtividade Financeira é fazer o dinheiro trabalhar para você enquanto se tem qualidade de vida. É isso mesmo, o dinheiro rendendo o máximo possível, com o mínimo de tempo e esforço investidos. Há uma vida a ser vivida!

E sabe o que mais de incrível tem neste passo? É que, a partir daqui, você já faz parte da tribo Profad, um termo que uso bastante nas minhas redes sociais, onde ensino sobre investimentos todos os dias.

Profad é uma sigla para Produtividade, Renda, Organização, Família, Abundância e Diversificação, e representa você, que chegou até aqui, que está colocando em prática o método e que comprou a ideia de que Produtividade Financeira é ter qualidade de vida enquanto o dinheiro trabalha para você. Não é um título que se compra, mas que se conquista – e você acaba de conquistar o seu. Seja bem-vindo à tribo Profad!

Você agora faz parte de um time que não cai em papo-furado de "investimentos", que coloca o dinheiro para trabalhar de verdade, de modo seguro e inteligente. Então, a partir de hoje, quando alguém perguntar como você investe, você já sabe a resposta: "Sou Profad. Invisto com método, segurança e resultado, fazendo meu dinheiro trabalhar para mim, sem abrir mão da minha qualidade de vida".

Você não está sozinho nessa, viu? Tem toda uma galera aplicando o mesmo método e colhendo os frutos. Agora que você faz parte da nossa tribo, basta colocar o #investidorprofad sempre que for postar algo que demonstre que você está tendo uma vida com Produtividade Financeira, sempre que estiver curtindo sua vida enquanto seu dinheiro está trabalhando para você. Seja bem-vindo a essa revolução financeira.

O que o investidor Profad deve buscar

Bem, há alguns conceitos que precisamos conhecer antes de nos aprofundarmos no assunto.

Um deles é sobre **ativos** e **passivos**. Na educação financeira, passivos são bens que geram despesas e obrigações, ou seja, tudo que tira dinheiro do seu bolso. Por exemplo, seu imóvel de moradia, se você só paga financiamento, condomínio, água, luz e manutenção, sem receber nada em troca, é um passivo. Isso vale para seu carro pessoal: se ele é usado só para lazer ou deslocamento, gerando gastos com combustível, seguro, IPVA e estacionamento, também é um passivo.

Já ativos geram renda ou retorno financeiro, seja de modo imediato ou periódico. Um imóvel alugado, que traz renda mensal, é um ativo. Investimentos como ações, títulos e fundos que pagam juros, dividendos ou rendimentos também são ativos.

Deve-se atentar, assim, para o uso do bem, não só em tê-lo. Digo isso porque muita gente confunde ter bens com ter ativos, e não é a mesma coisa. Um carro ou casa podem ser passivos se só drenarem seu dinheiro. A diferença está na função:

Passivo tira dinheiro. Ativo gera dinheiro.

"Ok, Renan, mas por que preciso saber disso?" Quem faz parte da tribo Profad busca aumentar ativos (que geram renda passiva) e reduzir passivos (que consomem recursos). Aqueles que não são Profad acabam comprando passivos pensando que são ativos – o que compromete a Independência Financeira deles.

Percebe, então, como "ter coisas = riqueza" é um mito? Riqueza de verdade vem dos ativos que geram renda passiva – aquela que entra todo mês sem você precisar trocar o seu tempo por dinheiro.

Outro conceito importante que você precisa saber tem a ver com **juros.** Todo mundo lida com juros, seja pagando ou recebendo, mas pouca gente entende como eles funcionam. Há dois tipos principais que você precisa conhecer: os **juros simples** e os **juros compostos.**

O juro simples é o mais básico. Ele é calculado sempre em cima do valor inicial, sem nenhuma sobreposição.

Por exemplo, se você tem uma taxa de 1% ao mês, em um ano será de 12% (1% × 12 meses). Em um trimestre, 3% (1% × 3). Semestre? 6% (1% × 6). Bem simples, como o nome já diz. A questão é que esse tipo de juros não faz seu dinheiro multiplicar de verdade, só vai somando. Por isso, no mundo dos investimentos, a gente quase não o usa. Na verdade, os bancos adoram juros simples – mas é para emprestar dinheiro para gente, não para nos pagar!

Agora vem o verdadeiro tesouro: os juros compostos. Eles são calculados sobre o valor acumulado, não só sobre o inicial. É o famoso "juros sobre juros". Vamos ver na prática como isso funciona.

Imagine que você investiu mil reais com rendimento de 1% ao mês. No primeiro mês, você tem 10 reais (1% de 1 mil), ficando com 1.010. No segundo mês, o cálculo não é mais sobre os mil reais iniciais, mas sobre os 1.010. Então você tem 10,10 reais. No terceiro mês, é sobre 1.020,10 reais, e assim por diante. Parece pouco no começo, mas essa diferença fica enorme com o tempo. É como uma bola de neve que vai crescendo enquanto rola – por isso a gente chama de "Bola de Neve Profad".

O poder dos juros compostos está em todos os bons investimentos: Tesouro Direto, CDBS, LCIS, LCAS e vários outros. Quanto mais você deixa seu dinheiro trabalhando, mais forte fica esse efeito. E tem mais: se você reinveste os rendimentos e faz novos aportes regularmente, essa bola de neve aumenta ainda mais rápido. É assim que o seu dinheiro vai trabalhar para você e lhe ajudar a chegar mais rápido à sua Independência Financeira.

Agora que você sabe que o investidor Profad deve buscar ativos e juros compostos, você precisa descobrir, afinal, qual tipo de investidor você é. "Ué, Renan, sou o investidor Profad!" Sim, é, mas me refiro a características sobre o quanto de risco está disposto a correr.

HERANÇA É O QUE VOCÊ DEIXA PARA ALGUÉM. LEGADO É O QUE VOCÊ DEIXA EM ALGUÉM.

Produtividade financeira
@renandiegooficial

Que tipo de investidor você é?

Para escolher os investimentos mais adequados para você com segurança e tranquilidade, é fundamental saber qual o seu perfil de investidor. Em geral, bancos e corretoras fornecem um questionário para o cliente responder assim que abre sua conta, por meio de um teste chamado de Análise de Perfil de Investidor (API).

Há três tipos de perfis de investidor: **conservador**, **moderado** e **arrojado**.

O investidor conservador é aquele que prioriza segurança acima de tudo. Ele prefere uma estrada mais longa, mas sem buracos ou surpresas pelo caminho. Normalmente, esse perfil tem objetivos de curto prazo ou apenas não quer ver seu dinheiro oscilar.

Já o investidor moderado busca equilíbrio. Ele está disposto a correr um pouco mais de risco em troca de melhores retornos, mas sem exageros. Esse perfil entende que alguns investimentos precisam de mais tempo para render e aceita pequenas oscilações no caminho.

Por fim, temos o perfil arrojado. Esse investidor encara as oscilações do mercado com naturalidade, sabendo que no longo prazo as coisas tendem a se equilibrar. Ele não se desespera com quedas temporárias e não precisa do dinheiro investido no curto prazo.

Um conselho importante que sempre dou para meus alunos quando respondem o API é: seja sempre sincero. Não tente "forçar" um perfil mais arrojado do que você realmente tem nem subestime sua tolerância a risco. O ideal é responder de acordo com seu momento atual, não com quem você gostaria de ser.

Uma dúvida que sempre recebo é: "Renan, se segurança não se negocia, melhor sempre ficar no perfil conservador?". E a resposta é não. Todos os perfis têm investimentos conservadores no seu portfólio, a diferença é que, de acordo com o seu conhecimento, você vai buscando mais retorno e o seu conhecimento lhe permite ter um modelo mental que consegue gerenciar melhor certos riscos, mas sem abrir mão de ter investimentos conservadores.

Por exemplo, veja na imagem a seguir sugestões de alocação de carteiras de investimentos de acordo com o seu perfil de investidor:

Perfil conservador:
foco em segurança

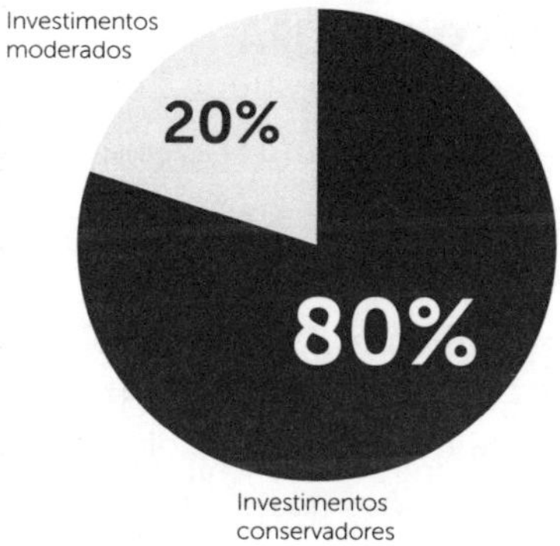

Perfil moderado:
segurança + um pouco de risco em busca de um retorno maior

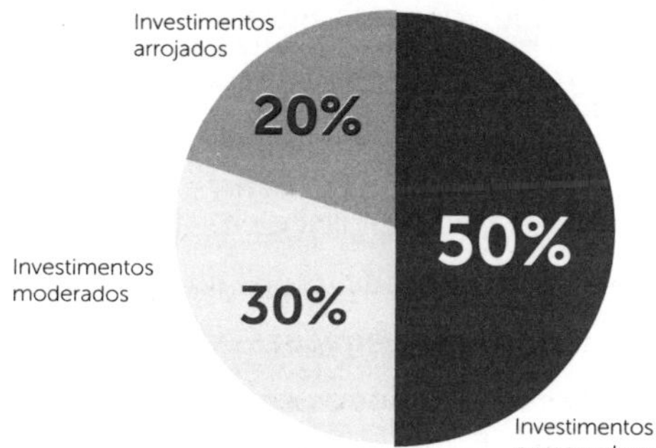

Perfil arrojado:
foco em rentabilidade

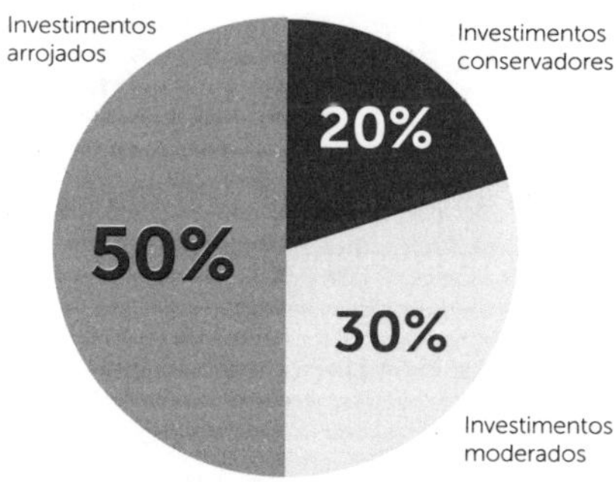

Se está curioso para saber quais são os investimentos conservadores, moderados e arrojados, fique tranquilo, pois ao longo deste capítulo vou lhe ensinar. É só continuar a leitura, que vou lhe direcionar da melhor maneira dentro da sua jornada de Independência Financeira.

Uma observação: seu perfil pode (e deve) evoluir com tempo e conhecimento. E agora que você está se tornando um investidor Profad, essa evolução vai ser ainda mais rápida e consciente. Assim, recomendo que refaça esse teste sempre que sentir que sua visão sobre investimentos mudou.

ABRIR CONTA DE INVESTIMENTO EM CORRETORA INDEPENDENTE OU EM BANCO?

Quando pensamos em investir, logo vêm à mente os bancos tradicionais, né? Mas existe um mundo muito mais vantajoso lá fora: as corretoras independentes. E preste atenção nesse "independente", porque os bancos têm suas corretoras, mas elas são vinculadas aos produtos do próprio banco. Já as corretoras independentes funcionam como um shopping center financeiro, onde você encontra ofertas de diversas instituições financeiras.

Pense o seguinte: você não compra do shopping em si, mas das lojas que estão lá dentro. Com as corretoras é a mesma coisa, **você não investe na corretora, mas por meio dela**, escolhendo os melhores produtos entre vários bancos e instituições. Nelas, há bem mais variedade, você encontra investimentos de alta qualidade mesmo começando com 100 reais, enquanto nos grandes bancos só há ofertas de produtos top para quem tem milhões investidos.

Nas corretoras, também encontramos produtos com rendimentos bem melhores que os do banco. Além disso, bancos adoram empurrar produtos que sequer são investimentos de fato (título de capitalização, por exemplo), o que, por enquanto, ainda não acontece nas corretoras. E, por fim, na maioria das corretoras, você não paga nada para investir, diferente dos bancos, que cobram até para respirar.

"Mas, Renan, como escolher uma boa corretora? São todas boas?"

Não, há diferenças. Por isso, criei um checklist para escolher uma corretora que vai ajudar você.

CHECKLIST PARA ESCOLHER UMA BOA CORRETORA

Antes de abrir uma conta em corretora, siga o checklist e verifique se ela oferece:

- taxas zero em renda fixa e renda variável;
- variedade de produtos (renda fixa e renda variável – mesmo que neste momento você não vá investir em todos);
- plataforma intuitiva (sem travamentos, com ferramentas funcionais para quem está aprendendo);
- bom suporte (chat, telefone, e-mail; verifique também a reputação da corretora no Reclame Aqui);
- regulamentação em dia (nunca invista em corretora sem registro na CVM, Banco Central do Brasil e B3).

Entenda: como investidor Profad, você merece ter acesso aos melhores investimentos do mercado – não apenas aos produtos mela-boca que seu banco quer lhe vender. Abrir uma conta em corretora é rápido, fácil e pode ser feito totalmente on-line, do próprio celular. E o melhor: escolhendo a certa, você acelera seus resultados e evita armadilhas de produtos bancários disfarçados de investimentos. Então, não perca tempo!

Como escolher os melhores investimentos para você?

Todo mundo que começa a investir fica perdido com tanta opção – CDB, LCI, ações, FIIS... Uma verdadeira sopa de letrinhas. Mas vou revelar uma estratégia que vai lhe ajudar a tomar decisões certeiras no mundo dos investimentos: a **ferramenta O2RL**.

Antes de colocar seu dinheiro em qualquer investimento, você precisa responder a quatro perguntas-chave.

A primeira letra (**O**), representa **Objetivo**. Por que você está investindo esse dinheiro? É para comprar um carro daqui a dois anos? Para aposentadoria? Colchão de segurança? Cada objetivo pede um tipo diferente de investimento – não adianta querer aplicar dinheiro de curto prazo em algo que você só pode tirar no longo prazo. Ah, importante dizer que "ter mais dinheiro" não é um objetivo válido. Isso é consequência! Objetivo mesmo é algo concreto – ter Segurança Financeira, trocar de carro, comprar uma casa, garantir uma aposentadoria tranquila.

Depois de mais de dez anos ensinando pessoas a investir, eu lhe digo com propriedade: a maioria começa a investir sem ter a menor ideia do porquê está fazendo isso. E adivinha? Essas pessoas quase sempre tomam decisões erradas, seguindo modinhas ou indicações aleatórias – e o resultado nunca é bom. Então, antes de qualquer aplicação, pare e pense: para que exatamente esse dinheiro está sendo investido? Essa simples reflexão já coloca você à frente de 90% dos investidores por aí.

#DicaProfad

Anote seus objetivos financeiros em ordem de prioridade. Isso vai clarear muito suas decisões de investimento.

Depois vem os **2 Rs.** O primeiro é de **Risco** – até onde você está disposto a ir? Todo investimento tem certo grau de risco, e você precisa saber o seu limite antes de começar (é por isso que saber o seu perfil de investidor é tão importante). Tenha em mente também que risco não é só a possibilidade de perder dinheiro – que assusta tanto a gente –, mas também a chance de ganhar muito mais do que esperava. Isso mesmo, tem risco bom também!

Na verdade, se você parar para pensar, em tudo que investimos, há risco. Quando você vai ao cinema, está "investindo" seu tempo naquele filme – com o risco de ser ruim, como já aconteceu com todo mundo. Mas você vai mesmo assim, porque sabe gerenciar esse risco. No mercado financeiro é igual: quando se empresta dinheiro, existem riscos, mas eles podem – e devem – ser administrados. O segredo é entender que risco não é motivo para ter medo, mas atenção. Quando você aprende a navegar pelo risco, melhores oportunidades aparecem – e o medo é gerenciado assim como o risco. Você passa a agir com sabedoria.

E sabe qual é o seu maior aliado para gerenciar riscos? **Conhecimento.**

Por isso, nunca pule etapas – seu perfil de risco deve evoluir junto com seu conhecimento. Comece sempre pelos degraus mais baixos e vá subindo conforme ganha experiência e conhecimento. Quando se trata de investimentos, **a pressa é inimiga da Independência Financeira!**

#DicaProfad

Nunca invista em nada que você não entenda completamente o risco envolvido.

Na renda fixa, existe uma segurança chamada Fundo Garantidor de Crédito (FGC). É uma entidade privada que protege seu dinheiro se o banco ou instituição financeira onde você aplicou quebrar.

Funciona assim: qualquer que seja o banco associado ao FGC (grande, médio ou pequeno), este garante até 250 mil reais por CPF e por instituição. Isso significa que se você tem 300 mil no mesmo banco e ele falir, o FGC cobre só até o limite – os outros 50 mil reais ficam desprotegidos. Por isso, se os seus investimentos passam de 250 mil reais, diversifique entre outros bancos e instituições financeiras.

E aqui, preciso desabafar. Pensa comigo: essa garantia vale para vários tipos de investimentos de renda fixa. Então, por que insistir na poupança, que rende menos, se você pode ter a mesma segurança com investimentos mais rentáveis? É como pagar mais caro pelo mesmo produto só porque a marca é famosa! Segurança igual, retorno maior. Essa é a mágica que a maioria não enxerga por falta de conhecimento!

O segundo R é de **Rentabilidade** – dentro do nível de risco que você aceita, qual opção oferece os melhores retornos? Aqui a gente já começa a filtrar as melhores oportunidades. Existem três tipos principais de rentabilidade que você precisa conhecer: prefixada, pós-fixada e híbrida.

A prefixada é aquela que você já sabe exatamente quanto vai receber (tipo 10% ao ano, sem surpresas).

Já a pós-fixada é atrelada a indicadores, ou seja, você não sabe o valor exato da rentabilidade, mas consegue acompanhar o indicador e saber a rentabilidade ao longo do tempo.

E tem a híbrida, que mistura as duas coisas – indicadores e uma porcentagem prefixada.

Importante: nunca escolha um investimento só pela rentabilidade! Já vi muita gente se empolgar com 130% do CDI sem perceber que o dinheiro ficaria travado por cinco anos – e aí, quando precisava, não conseguia resgatar, por causa da famosa liquidez que vamos comentar agora.

#DicaProfad

A rentabilidade é importante, mas só faz sentido quando olhamos junto com o objetivo, o risco e a liquidez.

Por último, temos o **L** de **Liquidez:**[39] quando você vai precisar desse dinheiro? Se for daqui a seis meses, não adianta pegar um investimento que só pode ser resgatado depois de dois anos. Isto é, a liquidez tem que bater com seu objetivo. Isso porque os investimentos têm prazos diferentes de liquidez. Tem os de alta liquidez, em que você resgata e o dinheiro cai na

[39] Aqui, é interessante deixar clara a diferença entre liquidez e vencimento, dois conceitos sobre os quais vamos falar muito neste capítulo. Perceba: liquidez é quando eu posso resgatar o dinheiro, e vencimento é quando o título encerra. Pode ser que o investimento ofereça liquidez somente no vencimento, então só poderei resgatar quando o título vencer. Ou pode ser que o vencimento tenha um prazo mais longo e a liquidez seja imediata. Há várias possibilidades.

conta no mesmo dia ou no máximo no dia útil seguinte. Esses são perfeitos para colchão de segurança ou objetivos de curtíssimo prazo. Depois vêm os de média liquidez (até alguns dias) e os de baixa liquidez, que podem demorar meses ou até anos para resgatar – como um imóvel, que não pode ser vendido de um dia para o outro.

#DicaProfad

Nunca coloque dinheiro que você pode precisar a qualquer momento em investimentos de baixa liquidez. Lembre-se: não adianta ter a melhor rentabilidade do mundo se você não conseguir retirar seu dinheiro quando realmente precisar.

Juntando tudo, fica fácil: primeiro você define o **O**bjetivo, analisa o **R**isco e a **R**entabilidade dentro das opções que fazem sentido e, por fim, confere a **L**iquidez. Essa é a estratégia O2RL.

Muitos alunos chegam até mim com medo – aquele medo natural de perder o dinheiro suado – e entendo perfeitamente. Mas quando absorvem esse conteúdo, é como se uma chave virasse na mente deles. De repente, tudo fica mais claro, a confiança aparece e o medo parece não existir mais. É isto que quero para você: que termine esta leitura não apenas com mais conhecimento, mas com a segurança de quem sabe como se proteger. Por isso insisto tanto: o caminho começa pelos investimentos mais seguros, aqueles que vão ser sua base para tudo que vem depois.

E é sobre eles que vamos falar a seguir.

Desvendando a renda fixa

No mundo dos investimentos, existem duas categorias de investimentos, a renda fixa e a renda variável, que oferecem diferentes níveis de segurança e potencial de retorno.

Na renda fixa, você já sabe exatamente quanto vai receber quando investe. Pode ser com uma taxa prefixada, como 10% a.a. (que significa "ao ano"), ou atrelada a um indicador, sendo pós-fixada ou híbrida, como já falamos antes.

Já na renda variável, a rentabilidade não é conhecida no momento da compra do ativo, ou seja, não tem como você saber quanto vai ganhar quando entra no investimento. Pode render muito mais no longo prazo, mas também pode dar aqueles sustos de vez em quando, com os altos e baixos da bolsa de valores, diferentemente da renda fixa, que é mais constante e sempre crescendo.

"Então é melhor ficar só na renda fixa?" Não é por aí!

Cada um tem o seu objetivo, por exemplo:

- Renda fixa → segurança e proteção.
- Renda variável → multiplicação e renda.

A renda variável é uma ferramenta poderosa, é ela que vai lhe ajudar a multiplicar seu dinheiro para acelerar a sua Independência Financeira. Este é o momento em que você tem uma renda mensal que paga pelo seu padrão de vida sem precisar trocar seu tempo por dinheiro. Mas, primeiro, você vai precisar proteger o seu patrimônio e ter segurança.

Segurança não se negocia. Lembra?

A questão é saber quando usar cada uma. O ideal é começar pela renda fixa para ter sua Segurança Financeira. Depois, partir para renda variável para multiplicar os ganhos e, em seguida, chegar à sua Independência Financeira.

"Beleza, Renan, entendi. Quais são os investimentos de renda fixa que têm no mercado, então?" Opa, gosta de sopa?

Bora fazer uma sopa de letrinhas?

Não gosta? Ah, mas dessa você vai gostar! Agora vamos cozinhar a sopa mais nutritiva do mercado financeiro, com ingredientes que vão fortalecer o seu bolso. Cada letrinha é um tempero especial para seu caldo de investimentos.

O bom é que essa sopa dificilmente queima ou fica aguada. Enquanto a bolsa de valores é como uma panela de pressão (que pode explodir ou criar pratos incríveis), a renda fixa é aquela panela confiável: você sabe o que vai sair dela e em quanto tempo estará pronto. E quanto mais você mistura os ingredientes certos, mais saborosa (e rentável!) fica sua sopa financeira. Quer aprender a dosar cada um? Vamos colocar a panela no fogo!

Primeiro, vamos falar dos títulos públicos e, em seguida, dos títulos privados, combinado?

Títulos públicos

Os títulos públicos são títulos emitidos pelo Tesouro Nacional e a principal finalidade deles é auxiliar o pagamento de gastos do governo. De modo bem simples: quando você investe em títulos públicos, está emprestando dinheiro para o nosso país para que ele invista em segurança, saúde, educação etc. É por meio disso que o governo financia a dívida pública.

O principal caminho para investir em títulos públicos é o Tesouro Direto, que é o programa do Tesouro Nacional, desenvolvido em parceria com a B3, a nossa Bolsa de Valores. Por meio do Tesouro Direto é possível comprar e vender títulos públicos federais para pessoas físicas, e isso pelo próprio celular ou computador – o que facilita e muito a nossa vida.

Mas atenção: Tesouro Direto não é o nome do investimento, e sim o meio de comprar títulos públicos. Quando você investe em títulos públicos, está investindo *por meio* do Tesouro Direto e ainda ajudando o país, em troca do direito de receber no futuro uma remuneração por esse empréstimo. Basicamente, você vai receber o quanto investiu, mais os juros que já são acordados no início, quando você faz aquele investimento.

Outra coisa importante é saber que você pode investir no Tesouro Direto com menos de 10 reais, dependendo do valor do título – os investimentos são a partir de 1% do valor do título. Essa é uma grande vantagem para quem está começando e quer ver como funciona, sem precisar investir grandes quantias.

Outra característica bem interessante para quem investe em títulos públicos é que o investidor não precisa aguardar até o vencimento caso ele precise retirar dinheiro antes do prazo. Isso significa que o Tesouro Nacional garante a recompra diária dos títulos adquiridos no Tesouro Direto.[40]

Além disso, o Tesouro Direto é o investimento com o menor risco de crédito da economia brasileira, porque os títulos públicos são 100% garantidos pelo Tesouro Nacional. Ou seja, o governo, o Estado, o Brasil. Percebe? Não existe risco de o emissor dos títulos declarar falência e não lhe pagar. "Ah, Renan, mas e se o Brasil quebrar?" Não me leve a mal, mas não tem FGC, não tem dinheiro embaixo do colchão, que dê jeito se isso acontecer. Mas, convenhamos, é muito mais difícil uma nação quebrar do que um banco.

No Tesouro Direto há três grandes grupos de investimentos: os prefixados, os pós-fixados e os híbridos (ou mistos).

Um exemplo de prefixado é o Tesouro Prefixado; do pós-fixado, o Tesouro Selic; e, dos híbridos, Tesouro IPCA+, Tesouro Educa+ e Tesouro Renda+.

As aplicações e os resgates podem ser feitos nos dias úteis, em horários comerciais, das 9h30 às 18h. Fora desse horário, só é possível programar o investimento. E aí, assim que abrir o mercado, a operação é realizada com os valores daquele dia. Ah, saiba que das 18h às 5h, nos finais de semana e nos feriados, os preços e taxas exibidos no site do Tesouro Direto são apenas para referência, ok? E que nos dias úteis, das 5h às 9h30, o sistema fica em manutenção.

Uma coisa que muita gente tem dúvida é sobre as taxas para investir no Tesouro Direto. Há duas: uma é cobrada pela sua instituição financeira,

---

[40] Como é que isso funciona? Você pode vender antecipadamente o título do Tesouro Nacional todos os dias úteis, quando o mercado estiver aberto, a preço de mercado. "Quer dizer, Renan, que se eu estiver precisando de um dinheiro e o vencimento do meu título é para 2029, eu posso ir lá e vender o meu título?" Exato. O Tesouro Nacional garante essa recompra. No entanto, ele não garante o rendimento dos títulos caso você resgate antes do vencimento. Explico melhor: por exemplo, se você resgata antes da data, o preço do título público e o rendimento podem oscilar de acordo com as condições do mercado e as variações da taxa de juros. Mas se você mantiver o investimento até o vencimento, aí você vai ter 100% de garantia da rentabilidade contratada. Em outras palavras, o investidor nunca vai ter prejuízo se levar até o vencimento. Mas se tirar antes do prazo, você pode, sim, tirar menos do que colocou. Ou pode até ganhar muito mais do que esperava.

que é a sua corretora ou por onde você está investindo – isso se ela cobrar; pois se você buscou uma instituição com taxa zero, como indiquei algumas páginas atrás, você fica isento dessa taxa.

E a outra é a taxa de custódia (0,2% ao ano sobre o valor dos títulos), que você paga para a Bolsa cuidar dos seus títulos, calculada conforme o valor do investimento e o tempo que você ficar com ele, mas só é cobrada de fato quando você vende ou após um ano. Detalhes importantes: se você resgatar o dinheiro antes de um ano, paga só a parte proporcional; e, no Tesouro Selic, se você tiver até 10 mil reais, não paga essa taxa.

Além disso, é importante saber que o Tesouro Direto tem incidência de Imposto de Renda (IR), seguindo a tabela regressiva de renda fixa. Quanto mais tempo você mantiver o título, menos imposto paga.

PRAZO DE INVESTIMENTO	ALÍQUOTA DE IR
Até 180 dias	22,5%
181 a 360 dias	20%
361 a 720 dias	17,5%
Acima de 720 dias	15%

"Meu Deus, Renan, 22,5% de tudo?!" **Não, o IR incide apenas sobre o rendimento** (não sobre o valor investido inicial), e essa **cobrança é automática** na venda/resgate (não precisa pagar separadamente). "E se eu apenas resgatar no vencimento? Ainda tem imposto?!" Sim, mesmo esperando o vencimento, o IR é devido.

Perfeito. Agora que você já compreendeu o principal sobre Tesouro Direto, vamos falar do Tesouro Selic,[41] que é o nosso foco aqui, pois é o melhor investimento para quem está começando a investir.

---

[41] Antigamente, o Tesouro Selic era conhecido como Letra Financeira do Tesouro (LFT) e, em alguns lugares, ainda pode aparecer esse nome.

INVESTIR VAI ALÉM DE APENAS ACUMULAR DINHEIRO – É CRIAR ALGO QUE PERMANECE, ALGO QUE PODE ENSINAR AOS SEUS FILHOS, COMPARTILHAR COM FAMILIARES E AMIGOS.

Produtividade financeira
@renandiegooficial

Os investimentos do Tesouro Selic são títulos pós-fixados que têm a rentabilidade indexada à taxa básica de juros da nossa economia – a famosa taxa Selic (da qual falaremos no box a seguir). O valor de mercado do título possui volatilidade muito baixa, evitando, assim, o risco de perdas no caso de uma venda antecipada. Por isso, o Tesouro Selic é um dos investimentos mais seguros do nosso país, e é indicado para:

- quem tem um perfil mais conservador;
- quem quer investir, mas não sabe o que vai fazer com o dinheiro ou não sabe quando vai precisar resgatar aquele investimento;
- quem está montando o colchão de segurança.

Ah, e lembra que falei do FGC? Então, os títulos públicos não têm a garantia do Fundo Garantidor de Crédito. E nem precisam, né? Como comentei, são garantidos pelo Tesouro Nacional por meio do governo federal. Mais seguro que isso, difícil.

ADICIONANDO MAIS LETRINHAS À SOPA: SELIC, CDI E IPCA

"Mais letrinhas, Renan? Socorro! Preciso mesmo saber disso?" Olha, o desconforto de aprender esses termos hoje é o que vai trazer o conforto financeiro amanhã. Esses indicadores são como o painel de controle da sua jornada como investidor rumo à Independência Financeira – quanto mais você os entende, mais no comando fica!

A taxa do Sistema Especial de Liquidação e de Custódia (**Selic**) é a taxa básica de juros. Ela é o termostato da economia brasileira, decidida pelo Comitê de Política Monetária (Copom) a cada 45 dias. Quando sobe, o crédito fica mais caro; quando cai, tudo fica mais acessível. Podemos dizer que a Selic é o custo do dinheiro no Brasil.

O **Certificado de Depósito Interbancário** (CDI) é a taxa do empréstimo entre bancos, e é uma espécie de espelho da Selic. Quando um CDB oferece "100% do CDI", significa que vai render bem próximo do que os bancos estão pagando entre si. Importante: CDI não é CDB! Um é taxa, outro é investimento. E veremos sobre os CDBs daqui a pouquinho.

E o Índice Nacional de Preços ao Consumidor Amplo (IPCA)? Está ligado à inflação, e é calculado pelo Instituto Brasileiro de Geografia e Estatística (IBGE). Essa taxa mede se os preços no mercado estão subindo, caindo ou se estão estáveis. Quando a inflação sobe, o Copom aumenta a Selic para frear os preços. É um jogo de equilíbrio delicado que afeta diretamente seu bolso.

Resumindo:

- Selic: taxa básica de juros da economia, controlada pelo Copom.
- CDI: taxa de empréstimos entre bancos, bem próximo da taxa Selic.
- IPCA: índice oficial de inflação, mede variação de preços.
- Inflação (IPCA) alta → Copom aumenta Selic → CDI sobe junto.

Títulos privados

Agora vamos falar sobre os títulos privados, que são emitidos por instituições financeiras e empresas; ou seja, neles, estamos emprestando dinheiro para uma empresa ou instituição financeira. Entre os títulos privados mais conhecidos há os CDBS, LCS, LCIS, LCAS, LCDS, CRAS, CRIS e debêntures – vamos seguir falando de letrinhas nas próximas páginas. Esses títulos têm um nível de segurança menor que os títulos públicos, pois, diferente destes, não têm a garantia do governo federal. Isso não quer dizer que não sejam seguros. Existem empresas bastante confiáveis, e alguns títulos privados têm a garantia do FGC.

Aqui, vamos nos concentrar no CDB, LC, LCI e LCA, ok? Afinal, estamos ainda nos ambientando no mundo dos investimentos. Um passo de cada vez, certo?

O **Certificado de Depósito Bancário** (CDB) é muito popular entre os brasileiros. É um título de renda fixa emitido por bancos. Então, quando você investe em um CDB, está emprestando dinheiro para o banco em troca de uma remuneração.

A rentabilidade dele pode ser prefixada, híbrida (como um CDB que paga IPCA mais 5% – o IPCA+5, cuja rentabilidade será 5% acima da inflação) e pós-fixada. Neste caso, em geral, acompanha o indicador CDI. Talvez você já tenha visto por aí "esse CDB está pagando 100% do CDI". Isso significa que, se o CDI for 13% ao ano e o CDB está pagando 100% do CDI, o investimento está pagando 13% ao ano.

Com relação a prazo, pode variar de curto, médio ou longo prazo, com você recebendo o valor investido acrescido dos juros acordados. Em alguns casos, é possível resgatar o dinheiro antes do prazo, mas isso pode afetar a sua rentabilidade.[42] Então, foca sempre assim: vou investir no CDB para manter até o vencimento.

São muitas as vantagens de se investir em um CDB. Destaco as seguintes:

- garantia do FGC (Fundo Garantidor de Créditos);
- diversidade de opções: existem CDBS com diferentes rentabilidades e prazos, permitindo escolher o que melhor se encaixa na sua estratégia;

[42] É o que chamamos de **marcação a mercado:** o ajuste diário do valor de um título de renda fixa (como CDBS, Tesouro Direto, debêntures) de acordo com as condições atuais do mercado – principalmente as variações nas taxas de juros. Na prática, funciona assim: **se as taxas de juros subirem** após a compra do título, este perde valor (pois novos investidores podem aplicar em opções mais rentáveis); e se resgatar antes do vencimento, recebe **menos** do que esperava. Mas, **se as taxas de juros caírem** após a compra do título, o título valoriza (pois sua taxa fixa fica mais atraente); e se resgatar antes do vencimento, pode receber **mais** do que o combinado.

- acessibilidade: o mínimo para investimento é baixo (alguns bancos permitem começar com 1 real).

Ou seja: CDB é um investimento seguro (com FGC), flexível (várias opções de prazo e rentabilidade) e acessível (pode começar com pouco dinheiro). Ótimo para quem quer começar na renda fixa.

Apesar disso, você precisa tomar alguns cuidados antes de investir em um CDB.

Primeiro, olhe para a liquidez, pois nem todos os CDBs permitem que você resgate antes do vencimento. Assim, cuidado para não colocar o dinheiro olhando só para a rentabilidade e se esquecer da liquidez. Pode acontecer de, se você precisar do dinheiro, no momento em que for resgatá-lo, descobrir que era um vencimento para cinco anos (e nem um ano passou). Olha o problemão. Já tive vários alunos nessa situação, desesperados quando chegaram até mim: "Renan, não sabia disso! Vi que estou com não sei quantos mil reais investidos, mas não posso tirar". Então, fique sempre atento na liquidez e, se não souber quando vai precisar do dinheiro, escolha liquidez diária, pois assim você pode retirar diariamente o seu dinheiro.

O segundo ponto tem a ver com a tributação. Os rendimentos estão sujeitos a imposto de renda, em uma tabela regressiva, como no Tesouro Direto, mas sobre o rendimento apenas, ou seja, sobre o dinheiro novo que trabalhou para você, e não o que você colocou lá.

Outro cuidado que você deve ter é olhar para instituição financeira que está emitindo aquele CDB. Mesmo tendo garantia do FGC, prefira sempre bancos mais sólidos. Assim você diversifica e reduz o seu risco de inadimplência.

Outros títulos privados pouco conhecidos são as LCs (Letras de Câmbio). Elas são bem parecidas com os CDBs, inclusive na tributação, na garantia do FGC e nos tipos pós-fixados, prefixados e híbridos. A diferença é que são emitidas por financeiras, e não por bancos. Então, quando você investe em uma LC, está emprestando dinheiro para uma financeira em troca de uma remuneração.

E temos também as LCIs (Letra de Crédito Imobiliário) e LCAs (Letra de Crédito do Agronegócio), que são bem parecidas com os CDBs e LCs.

A diferença se refere à incidência de imposto de renda e à finalidade do dinheiro que você está emprestando.

Em relação à incidência do IR, tanto a LCI quanto a LCA são isentas desse imposto. É isso mesmo: você não paga imposto de renda quando investe nelas.

Em relação à finalidade do dinheiro, na LCI você está emprestando dinheiro para um banco, que vai emprestar para quem precisar de empréstimo no setor de construção civil e imóveis. Já na LCA, o banco empresta exclusivamente para o setor do agronegócio.

Tesouro Selic, CDB, LC, LCI e LCA: esses são, por ora, os investimentos que você precisa focar nesse início da sua jornada de Independência Financeira, pensando em sua segurança. "Ah, mas Renan, e os outros? Escutei falar de debêntures! E as ações? FIIs? Criptomoedas? Tenho até dúvida sobre o 'tigrinho'..."

Mais uma vez: segurança não se negocia! Já falei isso inúmeras vezes ao longo deste livro porque é fundamental. Nunca se esqueça disso. Investidor Profad sempre age tendo isso em mente. É por isso que os passos do método são uma crescente. Não foi à toa que começamos quebrando padrões, depois focando a construção da base sólida, chegando à geração de renda e, agora, sabendo sobre como iniciar a construção do seu legado. E é exatamente isso. Aqui é o início no mundo dos investimentos. Você está aprendendo muitas coisas novas. Precisa de tempo para absorver o conteúdo, praticá-lo. Qual o sentido, por exemplo, de eu falar sobre ações, fundos imobiliários, criptomoedas e investimentos norte-americanos, se nem o colchão de segurança você tem? Ou, caso tenha, se ainda está se familiarizando com essa sopa de letrinhas que apresentei no capítulo?

Sem contar que, se este livro lhe ajudar, você pode indicar para outras pessoas e, quanto mais barulho este conteúdo fizer, mais rapidamente consigo escrever o próximo livro. Quem sabe não seja um só sobre investimentos? O que acha? Agora que você faz parte da nossa tribo Profad, posso contar com você?

Agora preciso fazer um **aviso sério**. No mercado, há alguns produtos financeiros que se disfarçam de investimentos, mas, na verdade, não são. Cuidado! Eles oferecem baixos retornos ou alto risco sem benefícios reais.

Títulos de capitalização, por exemplo, são vendidos como aplicações, mas funcionam mais como uma loteria de baixo prêmio – você só recebe seu dinheiro de volta (e, em alguns casos, nem corrigido pela inflação) após anos, perdendo oportunidades melhores.

A **poupança**, que muitos ainda acham que é o investimento mais seguro, na verdade tem a mesma segurança que um CDB e menos segurança que o Tesouro Selic, e ainda tem um rendimento bem inferior aos desses dois investimentos.

Os **jogos de azar** (como o "tigrinho") são pura especulação, sem qualquer garantia ou estratégia de crescimento – o "investimento" vira apenas aposta, sem qualquer segurança.

Não caia nessas armadilhas. O caminho inteligente é o que estamos fazendo aqui: buscando opções transparentes, com liquidez, rentabilidade clara e alinhadas aos seus objetivos financeiros. Então, calma!

Mas entendo que você esteja com vontade de fazer um investimento depois de ter visto tanta informação relevante. E, de fato, eu o desafio a fazer isso. Vá lá. Se não tem uma conta em uma corretora, abra. Siga aquelas dicas que dei sobre como encontrar a corretora ideal para você. Depois, faça um investimento simples, como o Tesouro Selic. O importante aqui é você colocar a mão na massa e destravar por completo!

Nunca entrou em um site de corretora nem fez um investimento? Sem pânico, é bastante intuitivo. Além disso, essas empresas contam com um atendimento ao cliente que pode guiar você nessa etapa. E mais: há diversos conteúdos no meu Instagram @renandiegooficial e no meu canal do YouTube @produtividadefinanceira que vão ajudar você com isso.

Você vai ver que algumas travas vão surgir nesse momento, mas cada uma delas vai, aos poucos, cair por terra. Se for preciso, releia o capítulo sobre quebra de padrão e faça mais alguns exercícios de reprogramação. Se estiver perdido sobre como fazer seu colchão de segurança, releia o capítulo sobre base sólida. E, ainda, se pensar que não tem de onde tirar dinheiro para esse primeiro investimento, releia o capítulo sobre geração de renda.

O que não pode é deixar de fazer esse exercício, combinado? Quero que você sinta como é ser um investidor Profad. Então, bora fazer jus a esse título que você conquistou?

Olha, quero ver, hein? Só vou acreditar se você tirar uma foto com o livro e postar nas redes sociais, compartilhando como se sentiu ao fazer o seu primeiro investimento como investidor Profad e me marcando nas redes sociais com a hashtag #BoraEvoluir.

Investir é muito bom, e tenho certeza de que os seus sentimentos serão os melhores possíveis após o exercício. Aliás, é um ótimo momento para um brinde, não concorda? Brinde mais uma conquista por ter feito o seu primeiro ou próximo investimento, agora como investidor Profad! Nos vemos no próximo capítulo.

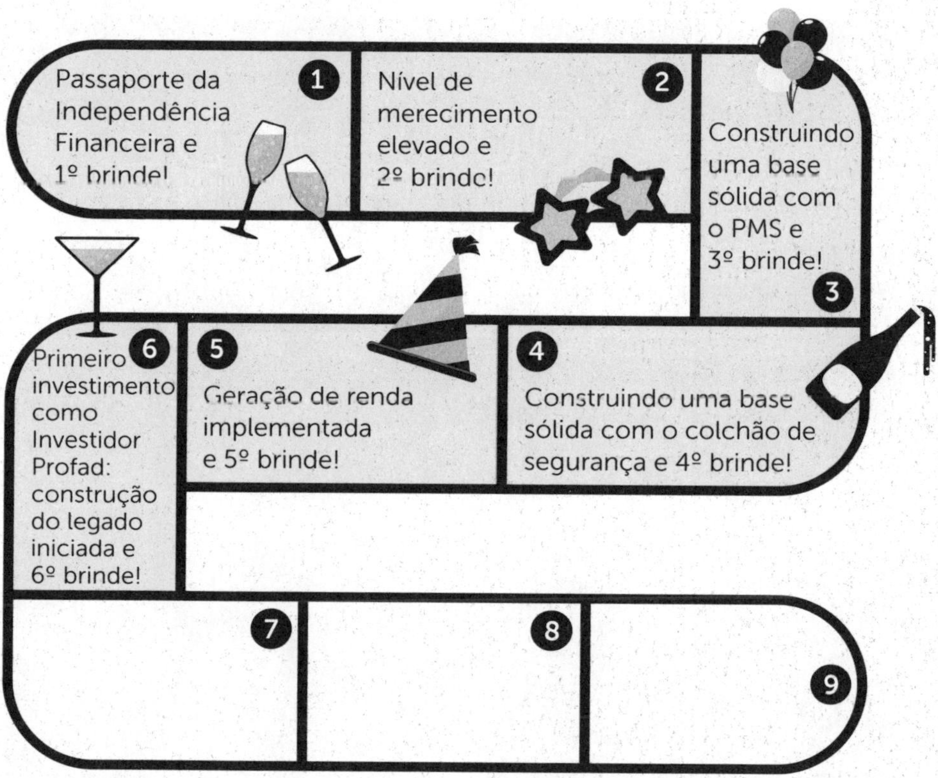

08

QUALIDADE DE VIDA

Independência Financeira a qualquer custo é fracasso, mas, com qualidade de vida, é Produtividade Financeira – e aí é sucesso na certa!

Das duas uma: ou você já vendeu as férias em algum momento ou conhece alguém que já vendeu. E sabe por que a gente faz isso? Porque o dinheiro aperta, o orçamento não fecha, e aí parece que ficamos sem escolha – trocamos dias de descanso por um alívio imediato no bolso. Achamos que estamos abrindo mão das férias agora para ter uma vida melhor lá na frente, mas o que acontece? O futuro chega, e o hábito de se sacrificar já virou rotina. Você olha para trás e se dá conta de que perdeu tempo demais correndo atrás de dinheiro e tempo de menos vivendo de verdade. Esse negócio de deixar para viver bem só depois que enriquecer é uma baita armadilha.

Por isso, já no início do livro, disse e insisto mais uma vez: qualidade de vida não é prêmio de final de jornada, é parte do caminho. E ela deve fazer parte da sua jornada se quiser ter Produtividade Financeira. Não adianta ter Independência Financeira se, no meio do caminho, você já está esgotado, sem saúde, sem energia para aproveitar o que conquistou. Dinheiro não pode ser só um número no aplicativo do banco; ele tem que significar viver mais e melhor. Ele tem que trazer a possibilidade de trabalhar sem desespero, de dizer "não" quando precisar, de tirar aquela semana de férias sem precisar vender um dia sequer.

Descanso não é luxo. É necessidade. Se você passou anos vendendo suas férias ou abrindo mão da sua qualidade de vida, hoje é o dia de banir essa ideia. Porque agora, com suas contas no lugar e o dinheiro trabalhando para você, é hora de dizer sim para sua qualidade de vida e começar a desenterrar aqueles planos que você acabou deixando esquecidos por muito tempo. Pode ser que no começo não dê para fazer aquela viagem dos sonhos, mas já dá para planejá-la, para respirar fundo, ficar um dia a mais com a família, dormir até tarde sem culpa. Pequenos gestos que parecem bobagem, mas que vão ajudar você a se lembrar de que o objetivo nunca foi só juntar dinheiro, e sim ter uma vida que valha a pena ser vivida. Uma vida de Produtividade Financeira.

A partir de agora, suas férias não estão mais à venda. E, neste capítulo, vamos ver que sua saúde, seu descanso e seu tempo com sua família e com as pessoas que você ama também não podem estar.

Quais são as suas bolas de vidro?

Imagine o seguinte: a vida como uma grande apresentação de malabares. Nós somos os malabaristas que ficam jogando para cima um monte de bolas, tentando equilibrar trabalho, dinheiro, família, saúde, lazer... E, no meio dessa confusão toda, vamos nos acostumando com um pensamento perigoso: *se alguma cair, depois eu pego*. Só que nem todas as bolas são iguais. Conheci essa analogia no ótimo livro *A única coisa*, de Gary Keller e Jay Papasan.[43]

A maioria das bolas é de borracha – se cair, quica, você pega de volta e segue o jogo. O projeto que atrasou no trabalho, a conta que ficou para pagar no próximo mês, aquela meta que você não bateu... Tudo isso dói, mas não quebra. Agora, tem outras bolas que são de vidro. São frágeis. Únicas. E, se você deixar cair, elas quebram.

Tenho bastante clareza de quais são as minhas bolas de vidro: minha saúde, minha família, meu bem-estar. São bolas que, se eu negligenciar, não adianta querer consertar depois. Não tem "ah, mês que vem eu cuido". Saúde não espera. Filho não volta a ficar pequeno. Uma palavra áspera dita ao cônjuge não volta para dentro da boca. Tempo perdido não se recupera.

---

[43] KELLER, G; PAPASAN, J. **A única coisa**: a verdade surpreendentemente simples por trás de resultados extraordinários. Rio de Janeiro: Sextante, 2021.

Então, mesmo se eu estiver na reunião mais importante da minha vida e receber uma ligação da minha filha precisando de mim, eu saio. Simples assim. Peço licença e vou. Isso não é abandonar responsabilidades, mas entender quais são suas prioridades e que certas coisas não esperam. Minha filha sabe que o trabalho é importante, mas também sabe que ela vem primeiro – e isso é algo que cultivamos com diálogo, sem culpas ou dramas desnecessários.

O que Keller e Papasan ensinam no livro – e que eu levo para vida – é a consciência de que a arte da priorização não é equilibrar tudo, mas saber o que é inegociável. Costumamos priorizar justamente o que faz mais barulho – o chefe cobrando, a conta vencendo, a pressão social – enquanto o essencial fica lá no fundo, quieto, esperando atenção.

Então eu pergunto: quais são as suas bolas de vidro? O que você não pode deixar cair, não importa o que aconteça? Porque, no fim, é impossível ser perfeito em tudo. E está tudo bem. O importante é saber que, mesmo que algumas bolas de borracha rolem pelo chão, as de vidro continuarão seguras em suas mãos. O resto? O resto vamos equilibrando. É assim que se faz malabarismo sem perder o essencial.

"Mas, Renan, como saber quais as minhas bolas de vidro?" Para isso, vamos precisar daquela amiga que está com a gente desde o início do livro, a clareza. Tem uma pergunta que eu uso muito nos meus treinamentos e palestras – e que vale ouro nesse contexto: "Se dinheiro não fosse problema, o que você faria agora?". Já fiz esse exercício centenas de vezes, e pode parecer simples, mas é aqui que muita gente trava. Não por falta de grana, mas por falta de resposta. O cérebro dá um *tilt* e aí vem o silêncio.

O primeiro passo para saber quais são as suas bolas de vidro é olhar para dentro de si e procurar (com lupa e coragem!) aquilo ou quem faz você vibrar. Você vai ver que quando a gente para de olhar só para as contas e começa a focar o que realmente importa, as respostas aparecem. Você atrai o que ocupa seu pensamento. E é até bíblico: "Porque como ele pensa em seu coração, assim é ele" (Provérbios 23:7).

Então responda aí, de verdade: se o dinheiro e o tempo não fossem um problema, o que você estaria fazendo neste exato momento e com quem? Anote. Esse vai ser o seu norte.

Cuidando de si

Era 2022 e eu estava prestes a viver mais um daqueles momentos que viram chaves na vida. Estava na rua com a Jaque e as nossas filhas – Maria Clara e a pequena Alice, que eu carregava no colo. Quando a Maria Clara cansou e pediu colo também, resolvi carregar as duas. Dez passos depois, estava ofegante, desesperado para recuperar o fôlego. Aquele instante foi um soco no estômago.

Como já comentei, sempre prometi que minhas filhas nunca seriam órfãs de um pai vivo. Mas ali percebi que também não queria que fossem órfãs de um pai morto. Me vi pensando: *se elas passassem mal agora, eu conseguiria carregá-las para buscar ajuda?* Talvez sim, mas provavelmente cairia "duro" logo depois. Essa possibilidade me cortou a respiração mais que o esforço físico.

Decidi mudar na hora. O Renan de antes, que jogava futebol e adorava esporte, tinha desaparecido porque tinha focado os últimos anos apenas na Independência Financeira, passando longas horas no trabalho, investindo e com a família. Foi uma época que eu não colocava foco em mim nem na minha saúde.

Comecei intuitivamente – me pesava, tentava caminhar, ajustava a alimentação. Nos primeiros seis meses, perdi algum peso, mas ficava oscilando. Sozinho não estava dando certo.

Foi quando entendi: precisava de ajuda profissional. Contratei uma nutricionista e depois um personal trainer. A surpresa veio nos exames iniciais – gordura visceral altíssima, pré-diabetes, vários indicadores no limite. Eu, que acompanhava cada centavo dos meus investimentos, negligenciava o principal ativo: minha saúde.

O processo foi revelador. Descobri que alimentação saudável não é restrição, mas equilíbrio. Eu poderia comer de tudo, até chocolate, mas na hora e nas proporções certas. Perdi 16 kg, mas ganhei muito mais disposição, clareza mental e qualidade de vida.

Hoje, treinar é tão natural quanto escovar os dentes. Até nos fins de semana, a menos que algo muito importante aconteça. E os resultados transbordaram para todas as áreas: sou melhor profissional, melhor pai, melhor marido. Minha máquina está calibrada.

Essa transformação começou com o insight de que ser um pai presente não é só ter tempo de qualidade, mas ter qualidade de vida para estar presente por muito tempo. Não adianta construir um império se você não estiver lá para desfrutá-lo com quem ama. Minhas filhas mereciam mais que um pai rico – mereciam um pai vivo, saudável e capaz de carregá-las quando precisassem. E hoje, posso dizer com orgulho: se elas pedirem colo de novo, estarei pronto.

É por isso que digo: precisamos nos cuidar em primeiro lugar. Cuidar da nossa saúde para sermos capazes de cuidar de tudo e todos que amamos. Não se trata de egoísmo, mas de responsabilidade afetiva com a própria vida. Assim como eu precisei de nutricionistas e de educadores físicos para reaprender a me exercitar e alimentar, cada um de nós precisa buscar orientação especializada para entender seu corpo, suas taxas, seus limites e possibilidades. Check-ups regulares não são luxo, são a manutenção preventiva da máquina que nos permite viver tudo o que sonhamos.

Mas não para por aí. A saúde mental é a base invisível que sustenta tudo. Terapia não é "coisa de maluco" – é ferramenta de autoconhecimento para quem quer viver com plenitude. Meditação e oração, conversar com Deus, cada um à sua maneira, são âncoras que nos conectam com algo maior e nos ajudam a lidar com as tempestades internas. Eu aprendi que não existe qualidade de vida real quando a mente está em guerra constante, quando os pensamentos são nossos próprios inimigos. Por isso, cuidar da mente é tão vital quanto cuidar do corpo, pois são duas faces da mesma moeda.

E sabe algo que vai potencializar tanto a sua saúde física quanto a mental? O descanso. Vivemos em uma cultura que celebra o cansaço como medalha de honra, mas a verdade é que nenhuma máquina funciona sem pausas – muito menos o corpo humano. E olha que de máquina eu entendo, sou técnico em mecânica e engenheiro mecânico. Dormir bem, fazer intervalos e respeitar seus limites não são fraquezas: é inteligência. Enquanto o mundo grita "produza mais", a ciência sussurra: "descanse".

O sono restaura músculos, consolida memórias e regula emoções.[44] Pausas estratégicas ao longo do dia dão um gás na criatividade. E aqueles momentos de ócio? São terrenos férteis para novas ideias germinarem.

"Poxa, Renan, mas estou com as contas no laço. Como fazer isso tudo? É caro e não tenho tempo."

Olha, entendo perfeitamente. Já estive nesse lugar também. Mas vou contar um segredo: cuidar da saúde não precisa – e não deve – esperar até você ter dinheiro sobrando. A prefeitura da sua cidade oferece check-ups básicos gratuitos pelo SUS. Nas universidades, alunos de nutrição e educação física fazem atendimentos supervisionados a preços simbólicos. Até no YouTube tem canais sérios de profissionais ensinando exercícios físicos que você faz em casa sem equipamento. Quer começar pela mente? As igrejas são gratuitas, há aplicativos gratuitos de meditação e grupos de apoio emocional nas redes. O importante é dar o primeiro passo com o que você tem hoje.

"Ah, mas isso não é a mesma coisa que um personal trainer ou terapia particular."

Olha aí, a sua mente está querendo sabotar você. E você já aprendeu como quebrar esse padrão, basta reprogramar essa frase.

Ninguém começa 100% preparado, nós vamos nos preparando no caminho e, ao longo do caminho, aparecem as melhores condições.

Eu comecei me pesando na farmácia e caminhando na rua do meu bairro. Não tinha o melhor tênis para caminhar, não tinha um personal trainer, nutricionista nem médico, mas estar em movimento me mostrou o caminho. Só fui buscar profissionais quando pude. Saúde não é tudo ou nada; é fazer o possível com seus recursos atuais e ir melhorando aos poucos. Se você só puder trocar o refrigerante por água esta semana, já é uma vitória. Se só conseguir alongar por cinco minutos antes de dormir, já conta. O que não pode é ficar parado esperando condições perfeitas. Então, comece pequeno, mas comece hoje.

---

[44] WALKER, M. **Por que nós dormimos**: a nova ciência do sono e do sonho. Rio de Janeiro: Intrínseca, 2018.

A seguir listo algumas soluções práticas que podem ajudar:

ALIMENTAÇÃO	Planeje compras semanais. Feiras locais, em geral, são mais baratas que supermercados – além de ofertarem alimentos mais frescos. Você também pode usar panela de pressão para cozinhar grãos mais rapidamente, além de poupar no consumo de gás.
EXERCÍCIO SEM CUSTO	Planeje caminhadas diárias. Há também a opção de usar aplicativos gratuitos para lhe ajudar.
SONO DE QUALIDADE	Mantenha uma rotina noturna. Desligue as telas uma hora antes de dormir. Dê preferência à luz quente no quarto. Invista em um colchão ortopédico.
RECONEXÃO COM SI MESMO	Você pode fazer uso de aplicativos ou vídeos no YouTube com meditação guiada, ou separar um tempo do seu dia para conversar com Deus, entregar suas preocupações a Ele.
TERAPIA ACESSÍVEL	Há plataformas on-line que oferecem sessões de terapia por preços sociais. Há algumas iniciativas em faculdades de Psicologia também. Procure em seu bairro.

Família não é agenda marcada, é prioridade diária

Tem gente que separa um "dia da família" na semana, mas eu sou contra isso. Sua família não é compromisso de agenda – é razão de viver. Todo dia é dia da família. E não me venha de novo com esse papo de "tudo ou nada", aqui ninguém está falando para você abandonar o trabalho. Estou falando de acordar vinte minutos mais cedo para fazer um café da manhã junto. De deixar o celular de lado durante o jantar para ouvir como foi o dia dos seus filhos. São esses 1% de presença diária que, somados, valem mais que um final de semana inteiro de compensação.

Olha meu exemplo desta semana: estou no meio de um lançamento importante, duas semanas de lives e reuniões até tarde. Ontem cheguei em casa às 23h, cansado, pulei o treino, mas hoje ajustei toda minha agenda porque às 19h vou assistir à estreia de um filme com minhas filhas e minha esposa. Tem reunião? Tem. Mas termina às 18h. E amanhã volto a correr atrás.

Há épocas em que o trabalho vai exigir mais mesmo – um projeto novo, fase de implementação, metas apertadas. Tudo bem, desde que sua família esteja ciente e apoiando. O problema começa quando não há comunicação e aquela culpa silenciosa vira discussão em casa. Mas quando todos estão na mesma página, sua esposa e filhos viram sua torcida, não seus cobradores.

O segredo está no equilíbrio (o malabarismo das bolas!), que, como vimos, dificilmente será perfeito. Às vezes você erra a mão e pesa mais para o lado do trabalho. Outras vezes consegue desligar mais cedo para ver o pôr do sol com as crianças. O importante é nunca tratar quem você ama como opção, e sim como motivo. E essa deve ser uma escolha consciente diária.

"Ah, Renan, mas, no meu emprego de hoje, não me sobra tempo para nada! E se eu perder o emprego, como vou sustentar minha família?" Seu receio é superválido. Mas vamos pensar juntos: será que não existe um meio-termo entre ser o último a sair do escritório todo dia e negligenciar completamente sua família? Que tal começar com microajustes – almoçar longe do computador para ligar para seus filhos ou marcar aquela reunião das 18h para as 17h30? Ou talvez seja possível negociar home office ou banco de horas em ocasiões importantes? Pequenas mudanças que não chamam tanta atenção, mas já fazem diferença.

Lembre-se: a responsabilidade de ser presente para sua família e aqueles a quem ama é sua, não do seu chefe.

A seguir, dou algumas dicas de como podemos ter tempo de qualidade com a família, que, com a correria do dia, às vezes nem percebemos o quão simples pode ser:

- experimente deixar o celular de lado durante a refeição que fazem juntos – a conversa flui de um jeito mágico;
- quinzenalmente, faça uma "noite do pijama", assistindo a um filme e comendo uma pipoca caseira quentinha;

- que tal aprenderem algo juntos? Em um dia de folga, vocês podem fazer artesanato ou jogar um jogo;
- criem um "clube do livro da família" – a cada rodada, um membro diferente escolhe a história (sim, até os adultos podem ler livros infantis de novo!);
- uma vez por mês, se reúnam para reviver lembranças juntos: abram álbuns de fotos antigas, assistam a vídeos de momentos especiais ou encontrem objetos esquecidos significativos para a família;
- que tal criar uma lista de desejos (*wishlist*) da família e de cada membro da família? Isso vai ajudar a nortear os próximos sonhos que vocês vão realizar.

Percebe como você não precisa – e não deve – esperar estar milionário para viver com qualidade de vida? Um jantar sem pressa, uma manhã de domingo prolongada, aquele hobby que sempre deixou para depois... Isso também é riqueza. E o melhor? Tudo isso cabe no seu orçamento atual, só exige uma coisa: você priorizar a vida que quer, em vez de adiar a vida que "merece".

Agora me diz: qual vai ser sua primeira atitude de qualidade de vida nesta semana? Pode ser micro: desligar notificações depois das 18h, deixar o celular de lado, marcar aquele exame que vive adiando, começar a praticar exercícios. O importante é começar. Porque dinheiro sem propósito é só número na conta – e você já é grande demais para se contentar com migalhas de uma vida.

Mais um brinde

Acho que depois de tudo o que vimos ficou bem claro que ter Produtividade Financeira está diretamente ligado à qualidade de vida que você tem enquanto o dinheiro trabalha para você, à possibilidade de usufruir tudo aquilo que o dinheiro pode proporcionar – e isso ao longo do caminho. Afinal, **nunca se trata apenas de dinheiro, mas de o que ele possibilita que você seja, sinta e viva.**

Como temos feito aqui, esse momento merece um brinde. E se nas outras ocasiões você brindou sozinho, sugiro que este brinde seja feito ao lado de pessoas que você ama, sejam elas cônjuge e filhos, pais e avós ou amigos próximos. São essas pessoas que têm estado ao seu lado, por vezes apoiando silenciosamente em pequenos gestos, e você talvez nem perceba. Elas são a sua maior riqueza. O que você de fato deve ostentar e ter orgulho.

Sabe o que é a verdadeira ostentação para mim? É o meu jato, minha Ferrari e meu Porsche. E não me leve a mal, mas eu coloco nome em cada um deles: o meu jato é a Jaqueline, minha esposa; a minha Ferrari é a Maria Clara, minha filha mais velha; e meu Porsche é a Alice, minha filha mais nova. Essa é a minha verdadeira ostentação: minha família, que tenho orgulho de mostrar e exibir!

E, antes que fique com dúvida, eu ainda não tenho esses bens materiais que comentei, mas, mesmo quando os tiver, a minha verdadeira ostentação continuará sendo minha família!

Um carro poderoso é bom? Maravilhoso. Um casarão com piscina? Poxa, muito. Ou qualquer outro item que seja o seu sonho material: uma lancha, uma viagem para Disney ou para Europa. Tudo isso é muito bom. E é indescritível conquistar todas essas coisas – ter os mesmos direitos dos ricos, lembra? Mas a real é que não vão passar de coisas vazias se você não tiver com quem compartilhar essas conquistas.

No fim das contas, o que realmente importa são as memórias construídas, os sorrisos compartilhados, os abraços apertados depois de um dia cansativo. São as pessoas que transformam um simples jantar em uma celebração, um fim de semana qualquer em uma aventura inesquecível.

Então, brinde à vida, às conquistas, mas, sobretudo, à sua verdadeira ostentação, às pessoas que fazem tudo valer à pena. Brinde ao futuro que você está construindo – não só para si mesmo, mas para todos que caminham ao seu lado. E, claro, brinde à Produtividade Financeira que se iniciou com a leitura deste livro! Ao caminho de transformação, prosperidade e abundância que percorreu e à sua jornada de Independência Financeira que já iniciou aqui comigo.

Levante a taça daí, que também estou brindando com você daqui! Um brinde a você!

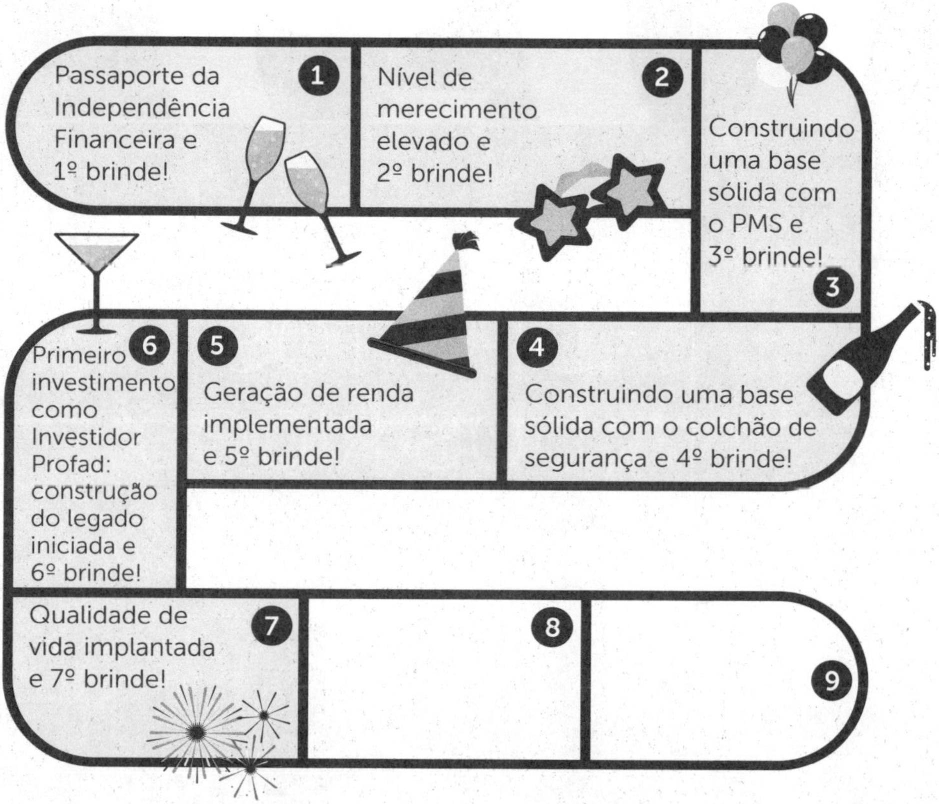
Passaporte da Independência Financeira e 1º brinde!
1
Nível de merecimento elevado e 2º brinde!
2
Construindo uma base sólida com o PMS e 3º brinde!
3
4
Construindo uma base sólida com o colchão de segurança e 4º brinde!
5
Geração de renda implementada e 5º brinde!
6
Primeiro investimento como Investidor Profad: construção do legado iniciada e 6º brinde!
Qualidade de vida implantada e 7º brinde!
7
8
9

09

OS MESMOS DIREITOS DOS RICOS

Não ter vindo de uma família rica não é sua culpa, mas ter os mesmos direitos dos ricos é sua responsabilidade!

"**Naquele momento, só me lembrava de que já** havia me alimentado de restos de comida. Meus irmãos e eu revirávamos o lixo depois da feira. A gente pegava tomate podre, o que desse... e muitas vezes nem isso tinha. Passei fome de verdade, Renan. E ali estava eu, podendo comprar a geladeira dos meus sonhos sem sequer olhar o preço."

Escutar esse depoimento de uma das minhas alunas foi um soco no estômago. Quer dizer, eu sabia do processo pelo qual a Maria[45] vinha passando, eu o havia acompanhado de perto. Mas essa confissão tão crua, de uma realidade tão difícil, era informação nova para mim. E só me fez ter mais orgulho daquela mulher incrível, além do sentimento de dever cumprido pelo método ter contribuído com a transformação de vida em mais um lar e em mais uma família.

Quando a Maria chegou até nós, como a maioria, ela pensava que investimento era só para as pessoas ricas, que assalariado não podia investir. Ela estava emocionalmente muito fragilizada – chorava com frequência nos primeiros encontros do nosso programa. Mesmo dedicada, algo nela parecia travado. Trabalhamos a quebra de padrão, construímos uma base sólida... mas as contas ainda não fechavam.

---

[45] O nome utilizado é um pseudônimo, a fim de preservar a identidade da pessoa mencionada.

Foi no pilar da Geração de Renda que tudo mudou. No início, ela não sabia por onde começar a ganhar dinheiro extra: "Renan, não tenho nenhuma habilidade!". Sua autoestima estava tão baixa que não se enxergava capaz de nada. Mas, ao perguntar a outras pessoas (como a orientação que dei no Capítulo 6), ouviu: "Maria, seu pão de queijo é incrível!". Quando ela compartilhou isso comigo, não duvidei. Até porque, bem, ela é mineira, né?

Com incentivo, começou a conciliar o emprego CLT com a venda do pão de queijo e outros salgados no trabalho, depois para vizinhos. O negócio cresceu tanto que ela precisou comprar um forno industrial. As dívidas sumiram, o dinheiro sobrou, e ela começou a investir.

E, então, chegou o Millionaire Day (Dia de Milionário), que é um programa de mentoria e experiência que faço com alguns alunos (semelhante ao Dia Perfeito para quebrar padrões, lembra?). Levei o grupo para um passeio completo: tomar café da manhã na cobertura de um hotel de luxo em frente à praia, andar de limusine nos principais pontos turísticos do Rio, almoçar no Copacabana Palace e sobrevoar o Rio de Janeiro de helicóptero. Todo mundo foi arrumado, como havíamos orientado, mas Maria apareceu no encontro vestindo calça jeans e camiseta. Estranhei, pois, na imersão que fizemos no dia anterior, ela estava impecável. Perguntei: "Tá tudo bem?". Ela soltou: "Sabe, Renan. Preciso ser quem eu sou de verdade. Essa galera rica é mesquinha...". Na hora, respondi: "Olha, isso é a escassez falando. Sua mente de abundância já tirou você das dívidas, criou um negócio... Você merece estar aqui tanto quanto eles".

Mas Maria rapidamente percebeu o que estava acontecendo. "Caramba, é verdade, Renan. Agora estou com vergonha de estar com essa roupa". Eu falei para ela ficar em paz e aproveitar aquele dia, pois, a partir daquele momento, ela estava tendo os mesmos direitos dos ricos.

E foi isso o que aconteceu dali em diante: Maria aproveitou a champanhe, a limusine, o passeio de helicóptero – tudo. E depois deu um depoimento emocionante:

"Quem diria? Eu, preta, de cabelo enrolado, no Copacabana Palace, com os mesmos direitos dos ricos". Segundo as palavras dela: "Não foi apenas um Dia de Milionário. Para mim, foi o começo de uma vida de milionário. Não é uma vida que eu **quero**, é uma vida que eu **posso** ter".

Quando ouvi isso dela, vi que a minha grande missão de fazer a diferença na vida das pessoas, possibilitando que qualquer um tenha os mesmos direitos dos ricos, estava dando certo! Que orgulho de poder, além de ensinar, viver uma vida com Produtividade Financeira.

Foi com essa mentalidade que ela chegou para aquele vendedor e disse que não queria saber o preço da geladeira. Ela sabia que merecia e que podia, não importava o preço.

Isso é Produtividade Financeira na veia. Maria aplicou cada passo do método: quebrou padrões, criou uma base sólida, gerou renda, construiu um legado e passou a viver com muito mais qualidade de vida. Que transformação linda. Fico arrepiado só de me lembrar e de contar esse caso aqui. Não apenas pela incrível história de superação em si, mas por saber que essa tremenda mudança também vai acontecer na sua vida, independentemente de qual seja a sua história de vida, se você seguir tudo o que vimos ao longo do livro. E, também, por eu ter o privilégio de ver essa transformação em minha vida.

Existe uma vida mais próspera e abundante do que aquela que você vinha vivendo até antes de ler este livro, mas agora você já sabe que dá para ter qualidade de vida enquanto seu dinheiro trabalha. Mesmo que não tenha vindo de uma família rica, uma família rica pode vir de você, basta seguir sua jornada da Independência Financeira.

A renda extra que virou principal

Minha vida mudou em todos os sentidos desde que comecei a minha jornada de Independência Financeira. Não me refiro apenas à minha conta bancária, claro, mas a ter saúde física e mental, vivendo plenamente, realizando sonhos, passando tempo com minha família enquanto o dinheiro trabalha para mim.

Já compartilhei que vim de família pobre, em que meu pai precisou trabalhar muito para colocar o pão na mesa e o quanto a sua ausência me marcou, mas que conquistei a minha Independência Financeira, depois o meu primeiro milhão, e continuo conquistando muito mais, tendo como meta ser um pai presente em todos os sentidos para minha família.

Comentei também que, no início do casamento, Jaque e eu moramos em um apartamento pequeno, de 52 metros quadrados, no subúrbio do Rio, comprado por meio do programa Minha Casa, Minha Vida. Mas que hoje usufruímos de uma casa espaçosa em um condomínio fechado, que tem até quadra de tênis, em um bairro nobre da cidade. Hoje, realizamos sonhos e viajamos o mundo.

Também falei que comecei no Exército e então fui para um emprego CLT, chegando a um cargo de gestão em uma multinacional – tudo isso conciliando com as consultorias e mentorias financeiras que passei a oferecer após o expediente. Até que, enfim, passei a me dedicar por completo ao meu propósito: ajudar famílias a ter Produtividade Financeira e conquistar sua Independência Financeira. O que era minha renda extra virou a minha renda principal.

E você também deve se lembrar dos momentos difíceis pelos quais passei, com a morte da minha mãe, e recentemente da minha avó, Dona Angela, e dos percalços que experimentei com dinheiro na poupança, com ganhar e perder dinheiro no início da trajetória. Mas que hoje tenho convicção de que tudo foi aprendizado, pois saí muito mais forte dessas situações.

Assim como falei da minha trajetória para recuperar a minha saúde física, após um insight que me preocupou e me fez perder 16 kg e ganhar em saúde e disposição para o meu bem e o da minha família.

No entanto, o mais importante, a maior riqueza que construí, sem dúvida, é a minha família. Como disse no capítulo anterior, ela é a minha verdadeira ostentação. Não é casa, carro, conta bancária... a minha riqueza é minha família e, se hoje posso aproveitar momentos maravilhosos com ela, é porque aprendi a investir, é porque tenho Produtividade Financeira, e alcancei a minha Independência Financeira. Apenas quando aprendi a investir comecei a realizar meus sonhos, de um carro melhor, uma casa melhor... Uma vida melhor.

Acredito que muitos devem ter sonhos senão iguais, semelhantes a esses. Talvez seja o seu caso. E o que quero dizer a você agora é: não desista dos seus sonhos. Independência Financeira é uma decisão que o fará realizar muitos sonhos. Então, decida ter Independência Financeira, decida fazer o que precisa ser feito para realizar seus sonhos.

Você está "com a faca e o queijo nas mãos", como dizem, mas agora posso dizer que você está com a sua jornada de Independência Financeira nas mãos. Você tem os conhecimentos iniciais necessários. Você está mais do que pronto para sua jornada. Não caia na cilada de ficar só reunindo informações sobre investimentos e nunca agir de fato. Por outro lado, nada de achar que já sabe tudo. Investidor Profad carrega a humildade no sangue e tem consciência de que cada novo dia traz um novo aprendizado. E sabe o que é melhor? Você tem ciência do que está fazendo. Aprendeu com cada etapa que vimos e não é apenas um "apertador de botão", seguindo orientações sem ter a mínima ideia do que está fazendo. Ter um mentor é importante, seguir orientações de quem já está há mais tempo nesse jogo também, sem dúvidas, mas é preciso ter clareza sobre suas ações. E ninguém melhor do que você para saber suas necessidades, seus objetivos, suas dificuldades.

Acredite, assim como a Maria, você está passando por uma revolução silenciosa. Cada página deste livro semeou algo em sua mente – e agora, mesmo que você não perceba, elas já começaram a brotar. O "impossível" de antes, hoje é "Como fazer?", "Como tornar isso realidade?". A desconfiança que o paralisava agora é só um sussurro diante da clareza que você conquistou.

"Mas, Renan, e se o medo bater?" Vai com medo mesmo! Todos os grandes investidores bem-sucedidos também sentiram medo – a diferença é que eles agiram apesar dele.

E olha só que incrível: você não está mais sozinho na caminhada rumo à sua Independência Financeira, rumo à vida que merece. Lembre-se: você faz parte da tribo Profad e estamos juntos. Agora, é só manter o ritmo e seguir sua jornada.

Bora brindar e continuar evoluindo!

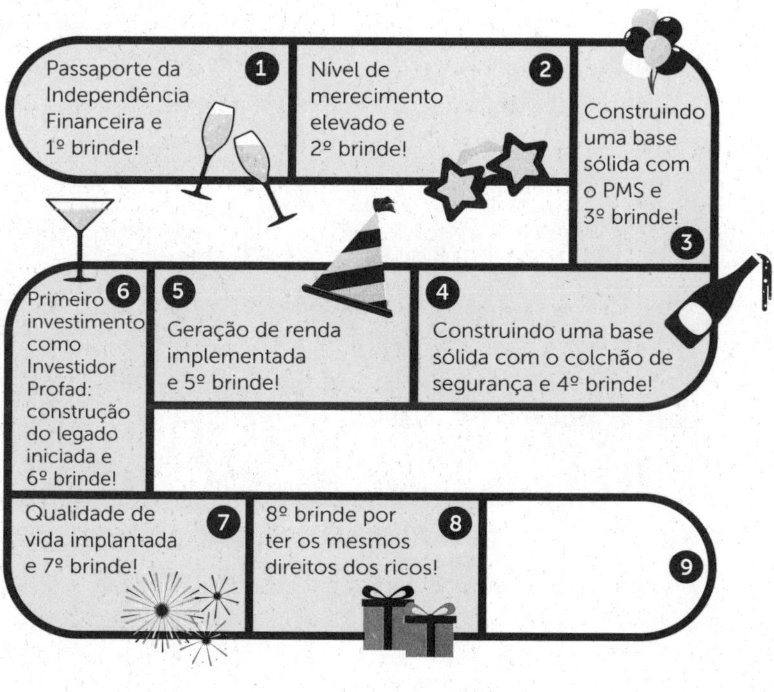

10

UM BRINDE ESPECIAL

O que você decide hoje pode ecoar nas próximas gerações.

Chegar até aqui é motivo de grande celebração, e não digo isso só da boca para fora. Se você está lendo estas palavras, significa que não apenas absorveu o conteúdo deste livro, mas também colocou o método em prática, passo a passo. Cada capítulo foi um degrau na escada da sua Independência Financeira, e agora você está pronto para colher os frutos do seu esforço. Mas a jornada não termina aqui – ela se transforma em um estilo de vida, uma escolha diária de priorizar o que realmente importa: uma vida com Produtividade Financeira, ao lado daqueles a quem você ama.

Sei que não foi fácil. Teve dia que você duvidou, teve hora que bateu aquele cansaço, aquele pensamento de "Será que vale a pena?" – e, ainda assim, você continuou. Isso aqui já é vitória, meu investidor e minha investidora Profad! Mas vou falar uma coisa: o melhor ainda está por vir. Porque, como já vimos, quando a gente passa a aplicar esses princípios com constância, a vida não só melhora, ela se transforma. E você vai sentir isso na pele.

Só continue! Vai fundo. Você consegue. A partir de hoje, nada mais vai lhe segurar.

"Ah, Renan, para você que já alcançou a Independência Financeira e tal é fácil falar." Tudo bem, eu entendo esse pensamento. Mas, olha, relembramos no capítulo anterior como era a minha vida antes desse marco e como ela ficou após esse marco. É claro que obstáculos e desconfortos vão existir. Não tem jeito. Mas foque o seguinte: você tem objetivos bem-definidos, tem conhecimento de como alcançá-los e, sobretudo, você merece realizar esses sonhos.

Inclusive, deixa eu contar para você uma última história sobre merecimento e desconforto. Aconteceu há pouco tempo e cabe perfeitamente aqui.

É muito mais que um cinto

Lá na empresa, a gente tem uma cultura forte de reconhecimento. E, algumas semanas atrás, duas Fadásticas (que é como chamamos o pessoal que trabalha aqui na empresa) haviam superado todas as metas e, por isso, ganharam um almoço comigo em um restaurante top em um shopping luxuoso aqui do Rio de Janeiro.

Depois da refeição, passamos em frente à loja da Louis Vuitton. Como ambas trabalham na área comercial, sugeri: "Vamos ver como os vendedores de luxo atuam?". Mas algo inesperado aconteceu: na porta, elas travaram. Falei: "Vem, podem vir. Vamos entrar". Era visível o desconforto – como se houvesse um campo de força invisível dizendo "esse lugar não é para vocês".

Entramos, e logo de cara: bolsas de 50 mil reais, um ambiente que gritava "luxo" por todos os cantos. Percebi o olhar delas – uma mistura de fascínio e inadequação. Foi quando tomei uma decisão: "Vou mostrar na prática como se conquista o merecimento". E comecei a pensar em algo que eu de fato estava precisando. Sinceramente, nunca havia comprado nada naquela loja. Não havia surgido a oportunidade nem a necessidade. Mas, aí, pensei: *Ah, um cinto seria legal.*

Com a minha resposta, o vendedor passou a me apresentar alguns modelos de cintos, contando toda uma história por trás: qual o material utilizado, como era confeccionado, quem assinava o design. E, ainda, incrementou: "Ah, você é um empresário. Imagine só a impressão que vai causar em um evento, em uma reunião importante, usando este cinto". É aquilo: nunca se trata apenas do produto, né? É toda a experiência envolvida. E, pensando nisso, pedi ao atendente que nos desse a experiência completa de comprar algo naquela grife, afinal, era a minha primeira compra ali.

Bebemos champanhe, brindamos, saboreamos aquela experiência. Aquilo não era só uma venda – era uma experiência poderosa. De celebração, de brindar uma conquista: a compra de um cinto de 4 mil reais da Louis Vuitton. Entenda: não era uma situação confortável para mim também. Nunca havia dado milhares de reais em um cinto. Mas a questão era que o meu nível de merecimento estava alto. Eu sabia que eu merecia, só ainda não tinha passado pela experiência.

Percebe que, como mentor, ensino esses princípios, mas também vivo cada um deles na prática? Essa compra não foi apenas uma aula para o meu time – foi mais um passo na minha jornada. Porque de nada adiantaria falar sobre merecimento se eu mesmo não estivesse disposto a expandir meus limites. Tudo isso só foi possível porque eu quebrei padrões e construí uma base sólida: organização financeira, múltiplas fontes de renda, investimentos consistentes. Não se trata apenas de ensinar teorias, mas de viver cada etapa do processo – e continuar avançando, mesmo quando o desconforto aparece. Esta é a beleza da jornada: estamos sempre aprendendo e crescendo, sem exceção.

Enquanto brindávamos na loja, vi o olhar delas mudar. A mensagem era clara: "Merecemos estar aqui, participando disso".

Ao voltarmos para o escritório, o impacto emocional daquela experiência ficou evidente nos relatos delas. Não eram mais sobre o almoço – eram sobre ter quebrado uma barreira invisível que as limitava há anos. Uma delas desabafou: "Nunca imaginei que um dia entraria em uma loja dessas sem medo". E essa frase resume a verdadeira essência da Independência Financeira – vai muito além do preço das coisas que você pode comprar. Tem a ver com se permitir viver experiências que antes pareciam inatingíveis, da coragem de ocupar espaços que seu "eu" de antes nem sonhava em frequentar. A outra, com os olhos brilhando, me falou: "Agora vou focar clientes com maior poder aquisitivo, porque quero comprar minha primeira bolsa de luxo em breve".

Veja bem, a verdadeira transformação não estava no desejo pela bolsa em si. Aquilo era apenas o símbolo de algo muito maior: a decisão consciente de elevar seu padrão em todas as áreas da vida.

E isso é ou não é motivo para brindar?

Último brinde – por enquanto

Que tal marcarmos a coroação dessa sua jornada de Independência Financeira, carimbando o seu passaporte para uma nova fase? Você está agora preparado para seguir adiante, e tudo o que precisa é manter a constância. A Independência Financeira já não é mais um sonho distante, mas um destino certo em seu horizonte. Você já tem ciência de que ela é uma decisão, assim como a Produtividade Financeira é uma escolha diária.

Lembra-se do exercício "Diário do Dia Perfeito", que fizemos no Capítulo 4? Pois bem, chegou a hora de revisitá-lo. Você não é mais a mesma pessoa desde que começou este livro, e seu conceito de dia perfeito certamente também se transformou. Essa reflexão será reveladora sobre o quanto você evoluiu.

Assim, para o seu novo Dia Perfeito, escolha ir a um lugar que, dentro das suas possibilidades atuais, ainda provoque em você aquele friozinho na barriga – aquele mix de animação e desconforto que sinaliza crescimento. Vista-se bem, convide alguém especial e viva esse momento plenamente. E, se quiser compartilhar essa celebração comigo, será uma honra – tire uma foto e me marque no Instagram @renandiegooficial e @produtividadefinanceira. Vou adorar comemorar com você e testemunhar o início dessa nova etapa!

Este não é um simples brinde. É uma forma concreta de marcar em sua mente e seu coração que você possui todo o necessário para chegar onde deseja. Quando fechar este livro, então, dedique-se inteiramente a celebrar – sem preocupações, sem pressões. Apenas saboreie essa vitória e a sensação gostosa de estar no caminho certo. O resto? Deixe para amanhã. Hoje, celebre a sua transformação. Celebre quem você ama. Celebre você.

Um brinde à vida!

Um grande abraço, muita Produtividade Financeira para você e sua família!

E bora evoluir!

Passaporte da Independência Financeira e 1º brinde!
1
Nível de merecimento elevado e 2º brinde!
2
Construindo uma base sólida com o PMS e 3º brinde!
3
4
Construindo uma base sólida com o colchão de segurança e 4º brinde!
5
Geração de renda implementada e 5º brinde!
6
Primeiro investimento como Investidor Profad: construção do legado iniciada e 6º brinde!
Qualidade de vida implantada e 7º brinde!
7
8º brinde por ter os mesmos direitos dos ricos!
8
Celebração da sua jornada de Independência Financeira com Qualidade de Vida e 9º brinde!
9

Diário do dia perfeito